BIBLIOTHEQUE

DE

CAMPAGNE.

Ce Volume contient :

Poësies de Sedaine, 2.ᵉ Partie.

Bibliothéque amusante, Tome I.

BIBLIOTHEQUE
DE
CAMPAGNE,
OU
LES AMUSEMENS DU CŒUR
ET DE L'ESPRIT.

TOME XXIII.

A AMSTERDAM,

Et se trouve

A PARIS,

Chez la Veuve DUCHESNE, Libraire,
rue S. Jacques, au Temple du Goût.

RECUEIL

DE

POESIES

DE M. SEDAINE.

SECONDE PARTIE.

RECUEIL

DE

POESIES

DE M. SEDAINE.

TRADUCTIONS
IMITATIONS.

TRADUCTION LIBRE,

De l'Ode d'Horace, Beatus ille, &c.

Oui, le mortel le plus heureux,
Est celui qui, content du bien de ses ayeux,
Se fixe à la campagne, & s'en fait un asyle
Loin des camps, loin des mers, loin du bruit de la ville.

D'un Magiſtrat altier il ne craint point l'accueil,
Et des Palais des Grands il évite le ſeuil ;
Il évite ces lieux ou l'aveugle fortune
Écraſe ſous ſon char une foule importune.
Alors homme ignoré des Rois & de leur cour,
Homme ne voyant rien par-delà ſon ſéjour,
Quel ſoin, quel intérêt, quel ſouci le tourmente ?
Seroit-ce de pouſſer une vigne naiſſante
Juſqu'au ſommet d'un mur qui découvre ſon front ?
Seroit-ce de compter dans le prochain vallon ?
De ſes bœufs pâturans la troupe mugiſſante,
    Ou de couper une branche impuiſſante,
Pour aider la vigueur d'un plus heureux bourgeon ;
    Fructifier un ſauvageon ;
Oter à des brebis ou le lait ou la laine ;
    A l'inſtant qu'une ruche eſt pleine,
Faire tomber la cire où découler le miel ?
Ces ſoins pris ſans contrainte & que l'inſtant amene
Ces ſoins dont la ſanté récompenſe la peine,
Portent-ils dans un cœur l'amertume & le fiel ?

Que l'Automne, fertile en brillantes richeſſes,
Éleve enfin ſon front couronné de raiſins :
Quel plaiſir vif & pur de cueillir de ſes mains
Les prémices d'un fruit qui remplit ſes promeſſes !
Il doit l'offrir aux Dieux auteurs de ces largeſſes.
Ce n'eſt que par eux ſeuls qu'il en peut diſpoſer.
Ivre de ſon bonheur, veut-il ſe repoſer,

Un gazon offre un lit, un chêne son ombrage ;
La fraicheur à cent pas y brave le soleil,
Un ruisseau gazouillant sur son petit rivage ;
Le calme de son cœur, les oiseaux, leur ramage ;
Dans ses yeux lentement font couler le sommeil ;
Il dort : quel doux repos ! en est-il un pareil ?

Mais l'Aquilon fougueux, mais les tristes Hyades ;
L'hyver & les frimats ont chassé les Zéphirs :
Il attend sans ennui le retour des Pleïades ;
La saison est changée, il change de plaisirs.

Tantôt aidé d'un chien qui lui marque la voie ;
Et secondant l'effort d'un limier courageux,
Il force dans les bois un sanglier fougueux.

Tantôt sur un étang qu'à pas lents il cotoye,
Il épie un Canard que couvrent des roseaux :
Il le voit, il l'atteint, & du milieu des eaux
Un Barbet diligent lui rapporte sa proie ;
Chaque jour lui fournit quelques plaisirs nouveaux.
Que ses près languissants soient cachés sous la neige ;
Autour de sa maison lui-même il dresse un piége ;
Des bâtons, de la glue, une trappe, un filet,
Un appas séduisant jette dans le colet,
Ou le Levreau timide ou la Grive gourmande,
Il jouit des terreurs de l'animal friand ;
Il y court, le détache, & l'apporte en riant.

Quel amant malheureux, amis, je le demande ;

Quel homme n'oublieroit dans de si doux loisirs,
Et l'Amour & l'objet qui rit de ses desirs,
Surtout, si de retour dans son réduit paisible
Il retrouve le soir une femme sensible,
Une tendre moitié, vive & pleine de soins ;
Qui prévienne ses goûts, ses desirs, ses besoins.
Il arrive ; à l'instant une souche enflammée,
Pousse avec un feu clair un torrent de fumée.
Une table sans faste est couverte de mets
Que n'empoisonnent pas de perfides apprêts.
De legumes bien sains cette table est ornée ;
C'est du pain du jour même, & du vin de l'année ;
Mais bon, mais naturel, & d'un côteau voisin :
Ce lait est de la ferme, & ces pois du jardin :
La propreté les cueille, & la main conjugale
A préparé pour lui ce mets qui le régale.
Non, ne me parlez plus de ces monstres divers
Que le goût va chercher au bout de l'Univers :
Des huitres, des turbots, des esturgeons, des vives
Valent-ils des cardons, des féves, des olives,
Valent-ils des poids verds ? J'aimerois mieux cent fois
Un quartier succulent d'un agneau de trois mois,
Quelque chevreau d'élite, un œuf, une laitue,
Qu'un ragout épicé qui m'échauffe & me tue.
Enfin quand ces grands mets au fond seroient meilleurs,
Je goute des plaisirs que je n'ai point ailleurs.
Pendant les doux instans de mon repas champêtre,

Je fuis là , j'apperçois , je vois de loin paroître ,
De retour du travail , mes bœufs , le col baiſſé ,
Ramenant ma charrue , & fon foc renverſé :
Mes valets avec eux quittent le labourage ,
Brillant d'une fanté qui devient mon ouvrage :
Un appetit charmant les range autour de moi ;
Je leur donne l'exemple , & me montre leur Roi.

C'eſt ainſi qu'Adiſſon célébroit fur fon ciſtre
L'amour de la campagne & de la liberté.
Après avoir ainſi cent & cent fois chanté ,
Il paroît à la Cour , fe pouſſe ; il eſt miniſtre.

TRADUCTION LIBRE,

De l'Ode d'Horace, Otium Divos.

DU repos ! du repos ! s'écrie au sein des mers,
Ce passager tremblant qu'épouvante l'orage.
Quoi ! je ne verrois plus ces rivages si chers,
Ces lieux où je bravois la fortune volage !

Ce farouche guerrier, ministre d'Atropos,
Vainement de son cœur étouffe le murmure,
Au milieu des lauriers, la voix de la nature
Lui crie à chaque instant : du repos ! du repos !

O cher & doux repos ! paix tranquille & profonde !
Les richesses des Rois, toutes celles du Monde
Ne peuvent balancer le prix de tes faveurs :
La force est sans pouvoir, la verge des Licteurs
Peut écarter la foule, & non le trouble extrème,
Appanage fatal de la grandeur suprême.

Oui, les soucis rongeurs, les chagrins dévorans
Volent sous les lambris habités par les Grands.
Une table frugale en un réduit tranquille,
Des mets simples, sans art, des plaisirs sans apprêt,
Font couler dans nos yeux ce sommeil doux, facile,
Que va troubler ailleurs la crainte ou l'intérêt.

Hélas ! pour un instant qui compose la vie,
Pourquoi chercher si loin un bonheur passager ?

En vain l'ambitieux fuit sa chere patrie,
En changeant de climat, son cœur peut-il changer ?
Son vaisseau part, il fend la campagne liquide ;
Mais plus prompt que les vents, que l'Aquilon rapide,
Cet ennui, qu'il fuyoit à pas précipités,
Monte sur le tillac, & vogue à ses côtés.

Hé ! n'est-il pas plus doux de jouir de soi-même,
De saisir cet instant accordé par les Dieux,
D'attacher au présent sa volupté suprême,
Et, s'il est vrai qu'en tout on ne puisse être heureux,
D'égayer ses chagrins par les Ris & les Jeux ?
Sçavons-nous, insensés, si la Parque inflexible
Accorde encor une heure à nos desirs errans.
Près des murs d'Ilion, ce guerrier si terrible,
Achille, brille, & meurt ; il meurt dans son printemps ;
Tandis que lentement, & d'un cours insensible,
Le temps courbe Titon sous le fardeau des ans.

Ainsi des Immortels j'obtiendrai, je l'espere,
Les instans fortunés qu'ils refusent à toi ;
A toi, fier citoyen, que le Destin prospere
A placé dans un rang qui me donne la loi :
Le Ciel te les refuse : il les réserve à moi,
Qui ne possede rien, que mes chants & ma lyre ;
Peu de bien, mais enfin autant que j'en desire,
Et pour guider mon cœur, dont le sentiment droit
Méprise le Vulgaire, en quelque rang qu'il soit.

TRADUCTION LIBRE,

D'une Elegie de Tibulle.

LE jour , ô Cerinthus , où ton ame affervie
    Me reconnut pour fon vainqueur ,
Ce jour fut le plus beau de tous ceux de ma vie.
    Le tendre Amour qui jamais ne l'oublie ,
Lui-même l'a nommé la fête de mon cœur.
Aimable & cher amant , la Parque , à ta naiffance ,
    Verfant fur toi fes plus rares faveurs ,
    Te prodigua des charmes féducteurs ,
Dont tous les cœurs devoient reffentir la puiffance.
Oui ; mais il n'en eft point dont l'amoureufe ardeur
    Puiffe égaler la violence
Du feu dont je reffens la brûlante fureur.
Qu'elle me plaît , ô Ciel ! fi fon charmant auteur
    Porte dans le fond de fon ame
L'amour.... ô Cerinthus , au nom de tes beaux yeux ;
    Brûle pour moi d'une pareille flamme.
    Viens , que nos larcins amoureux
Par nos tendres tranfports puiffent prouver nos feux.
Accours , viens dans mes bras joüir de ma tendreffe ;
Par toi , je t'en fupplie , & même au nom des Dieux.
Et vous , grands Dieux , témoins de ma foibleffe ,

Si Cerinthus vous intéreſſe,
  Prêtez l'oreille à mes accens ;
Recevez mes ſoupirs, mes vœux, & mon encens ;
Faites que de moi ſeule il s'occupe ſans ceſſe :
Si pour un autre objet le perfide s'empreſſe,
  Refuſez-lui votre ſecours ;
Et toi, belle Vénus, ô puiſſante Déeſſe,
Ote-moi mes liens, ou qu'il m'aime toûjours.
Mais, non, attache-nous d'une ſi forte chaîne,
Que le cruel Deſtin, que la mort inhumaine
Ne puiſſe jamais rompre un lien ſi parfait.
Il fait les mêmes vœux : mais une fauſſe honte,
Qu'un jeune homme timide avec peine ſurmonte,
Le retient en public : il ſe taît à regret ;
  Mais, ô Vénus, je ſçais tout ce qu'il penſe :
  Qu'i mporte ſon ſilence ?
Et puiſque tu connois le cœur le plus diſcret,
Exauce-le toujours : qu'importe à ta puiſſance
Qu'il te prie en public, ou te prie en ſecret ?

T R A D U C T I O N,

D'un Conte de Rousseau, Fortè tenebroso.

DAns une grotte où le soleil jamais
Ne pénétroit, une Nymphe au teint frais
Un jour dormoit. Las ! en cette retraite
Loin des dangers se croyoit l'indiscrette,
Lorsqu'un Sylvain, un de ceux-là que Pan
Mêne à sa suite, impétueux Satyre,
Ventre de Bouc, l'air en feu, l'œil ardent,
Vient & la voit : dans son fougueux délire,
Il l'enveloppe, il la baigne d'amour :
Mille baisers sont suivis de deux mille.
Pleurs de couler ; les rochers d'alentour
Dirent les sons de sa plainte inutile :
A son secours ne vint que les Plaisirs.
Elle s'appaise enfin : l'Echo tranquille
Ne redit plus que ces tendres soupirs,
Soupirs d'un cœur qui s'ouvre à ses desirs.
Cinq fois heureux, le Sylvain hors d'haleine,
Foible, sentit son amour chanceler.
La pauvre espece ! il eût du redoubler.
Bon ! redoubler il veut gagner la plaine.
La Nymphe alors le serrant dans ses bras :
Non, traitre, non, tu n'échapperas pas ;

Vaux-je si peu ? Mes appas , ma jeuneſſe ,
Et mon honneur ſont-ils à ſi vil prix ?
Faute d'amour , crains du moins le mépris.
O ſcelerat ! ame double & traitreſſe !
Mais tel qu'un cerf qu'une meute pourſuit ,
Au fond des bois le Satyre s'enfuit ,
Il court encor : les Dryades en rirent ,
Pan s'en moqua , les Sylvains applaudirent ,
Et pour combler la honte du pervers ,
Dans le lieu même un d'eux grava ces vers.

> Une Nymphe en cette retraite
> D'un Satyre éprouvant l'ardeur ,
> En triompha par ſa défaite ,
> Et mit en fuite ſon vainqueur.

TRADUCTION LIBRE,

Du Discours d'Armide à Renaud.

TEL qu'un mortel sçavant dans l'art des Amphions
Prélude sur son luth, & dispose ses sons,
Telle on voyoit alors l'ingénieuse Armide
Par ses soupirs profonds, par son regard timide,
Préparer ce discours, que sa tremblante voix
Adresse au fier Renaud qui la tient sous ses loix.
» Non, lui dit-elle, non, ce n'est plus comme amante
» Que tu vois à tes pieds ton Armide mourante ;
» Loin que je vienne ici t'empêcher de jouir
» Du sentiment cruel qui te fait me haïr,
» Je t'apporte, Renaud, des raisons légitimes ;
» Tu ne sçais pas encor jusqu'où vont tous mes crimes;
» Il manque ce détail à ton cœur endurci :
» Laisse-moi t'exposer mes forfaits, les voici.
   » De toi, de tes Chrétiens, de leur culte ennemie,
» (Dans ma haine, il est vrai, par mes Dieux affermie,)
» J'ai médité ta mort, j'ai juré ton trépas,
» J'ai fait plus : c'est par moi qu'en ces tristes climats,
» Perfide à ton devoir, tu t'es vû dans mes piéges ;
» Oui, j'ai séduit ton cœur, & mes mains sacriléges,
» Ont forcé de mon art les sombres profondeurs ,
» À prêter à tes feux de nouvelles ardeurs.

» Je craignois, il est vrai, je craignois que mes charmes
» Ne fussent contre toi de trop fragiles armes :
» J'ai redoublé tes soins par mes soins empressés ,
» Je tremblois que Renaud ne m'aimât point assés.
» Regarde , si tu veux , comme un nouvel outrage
» Qu'au mépris de vingt Rois qui me rendoient hom-
   » mage ,
» Mon ame s'avançant au-devant de ton cœur ,
» Même avant tes désirs , te nomma son vainqueur :
» Ajoute encor , ajoute à toutes mes foiblesses
» Mes craintes, mes transports, nos plaisirs, mes carresses.
» Voilà tous mes forfaits ; s'ils te font fuir des lieux
» Qu'un tel ressouvenir sçait te rendre odieux ,
» Fuis-les, pars : mais du moins permets que je te suive,
» Que j'aille sur tes pas , que je sois ta captive.
» Un vainqueur laisse-t-il son esclave après soi ?
» Je serai fiere encor de vivre sous ta loi ,
» Et même dans ce camp , que mes charmes funestes
» Ont embrâsé longtemps d'un feu que tu déteste,
» Fais voir à ces guerriers, qu'enflammoit mon regard ,
» Cette orgueilleuse Armide enchaînée à ton char.
» Te plaire & t'obéir y sera mon étude ,
» Et pour que tout en moi sente la servitude ,
» Je vais me dépouiller de ces vains ornements ,
» Et couper ces cheveux : tu les trouvois charmants !
» Ils ne conviennent plus à ma douleur mortelle.
» Oui , te suivant partout en esclave fidelle ,

» Les veilles , la fatigue & l'horreur des combats
» Ne pourront arrêter ou suspendre mes pas.
» Portant à tes côtés & l'épée & la lance ,
» Contre tes ennemis je serai ta défense :
» Leurs coups, que mon amour bravera sans effroi ;
» Passeront par mon sein pour aller jusqu'à toi.
» A travers les soldats , le sang & le carnage ,
» Je braverai la mort : frappés de mon courage ,
» Ces farouches peut-être auront pour mes appas
» Une tendre pitié que ton cœur n'auroit pas. &c.

CONTES.

LE TESTAMENT CYNIQUE.

CErtain Curé (c'eſt, je crois, près de Nante)
Depuis long-tems avoit un chien Barbet ,
Qu'il chériſſoit plus que ſa gouvernante ;
Et preſqu'autant que ſa niece Babet.
Quel chien auſſi ! C'étoit un chien parfait ;
Adroit en tout. Falloit-il en cadence
Faire des ſauts, faire la révérence ;
Faire le mort, danſer, venir, aller :
Toujours tout prêt, l'on n'avoit qu'à parler ;
Et ce n'eſt pas pour embellir l'hiſtoire :
Mais ce que chiens ne font que par mémoire
Sembloit en lui l'effet du jugement.
Si l'on ſonnoit pour un Enterrement
En gros bourdon, fût-il loin , fût-il proche
Vîte Barbet au premier coup de cloche ,
Couroit porter à Monſieur le Curé
Son rituel & ſon bonnet quarré.
Hélas ! ce chien ſi digne de remarque ,
Mourut un jour , peut-être empoiſonné,

Tant de mérite auroit touché la Parque,
Si la cruelle eût jamais pardonné.
Le défefpoir du Prêtre infortuné
Alla plus loin que je ne fçaurois dire :
C'eft dire peu qu'il fut jufqu'au délire.
Huit jours après , lorfqu'il fçut moderer
Cette douleur , affez pour en pleurer :
Je veux , dit-il , lui donner fépulture.
Puis-je fouffrir qu'il ferve de pâture
À des corbeaux , expofé dans nos champs ?
Un tel deftin eft fait pour les méchans.
De quelques ais fabriquons une biere ,
Et mettons-le dans notre cimetiere.
Dans ce faint lieu j'ai mis plus d'un Chrétien
Qui fûrement ne valoit pas mon chien.
'Auffitôt dit, le Pafteur fe dépêche ,
Fait une foffe en quatre coups de bêche ,
Et de fon long y campe le Barbet,
En fouhaitant pour lui, dans l'autre vie,
Joyeufe place , à côté du baudet
De Balaam , & du chien de Tobie. *
Il n'avoit pas fini cet œuvre pie,
Que le renom en courut loin de-là
A fon Evêque ; & de fa part voilà
Un Chicanneau qui vous cite le Prêtre,
Avant trois jours qu'il eût à comparoître,

* C'eft pour exprimer la fimplicité du Curé.

Sans nul délai, devant l'Official.
Lui comparu, l'Evêque au tribunal
Le tança fort : il sembloit à l'entendre
Que renier, violer, s'aller pendre,
N'étoit que rien près d'un tel attentat.
Cela blessoit Dieu, les Loix & l'Etat;
C'étoit bien pis qu'hérétique, anathême;
De mettre un chien sans ame, sans baptême,
Dans un lieu saint. Pour sa peroraison,
L'Evêque dit : qu'on le mene en prison.
Ah ! Monseigneur, avant votre sentence,
Dit le Pasteur, écoutez ma défense;
Après cela, vous verrez si j'ai tort.
Je puis sans crainte attester mon village
Que feu mon chien fut digne de ce sort.
Si dans sa vie il s'est montré bien sage,
Il le fit voir encor plus à sa mort;
Car de ses biens en faisant le partage,
A Monseigneur il laisse un héritage;
Et de sa part j'apporte cent écus.
L'Evêque prit, & dit : n'en parlons plus;
Cette fin-là me semble méritoire.

Lecteur malin, gardez-vous bien de croire
Que le Pasteur, avec ce moyen-ci,
Dans notre siécle eût jamais réussi.

L'AUTEUR,

AUTEUR JUSQU'A LA FIN.

CERTAIN Auteur gifloit fur fon grabat,
Prêt à partir pour les bords du Cocyte.
A fon chevet, un Docteur à rabat
Admoneftoit ce nouveau profélyte,
Et s'efforçoit par un difcours d'élite
De réprimer l'horreur de fes remords,
Et de calmer fon ame embarraffée
Sur l'avenir que fubiffent les Morts.
L'Auteur difoit d'une voix oppreffée :
» Non, rien ne peut exprimer ma penfée ;
» Et vous marquer la honte, & le regret
» Que je reffens, du malheur d'avoir fait ;
» Pour amufer, ne fçais quelle Uranie,
» Des vers affreux, où mon maudit génie,
» Trop prompt alors à remplir mon forfait ;
» Parloit de Dieu d'une façon impie.
» La peine, hélas ! doit en être infinie
» Au poids du mal ; car quiconque lira
» Telles horreurs, qui les approuvera,
» Va, par fa faute, accumuler mon crime ;
» Et je vais donc, éternelle victime,

» Des noirs forfaits de la poftérité,
» Etre comptable à la Divinité ?
» Non, vos difcours, mon repentir, mes larmes,
» Ne pourront pas étouffer mes allarmes.
» Confolez-vous, répondit le Docteur :
» Il eft fàcheux pour vous d'être l'Auteur
» De ces vers-là ; mais je connois l'ouvrage ;
» Il eft mauvais, fans force ; & le Lecteur
» Heureufement de ce vil badinage
» Eft rebuté dès la premiere page ;
» Et ce venin de votre impiété
» Décrédité par fon libertinage
» Filtre fi peu dans la fociété,
» Qu'il ne peut faire un fenfible dommage :
» Tout en eft faux, inepte, & même fot.
» Sot, dit l'Auteur, fe levant en furfaut :
» Mes vers font bons, vous n'êtes qu'une bête :
» Sortez d'ici, vous me rompez la tête.

Ah ! que d'Auteurs, même en pareil inftant,
Et cas femblable, en diroient bien autant !

LA PAIX DU MÉNAGE.

UNE veuve de cinquante ans
Difoit un jour à fa commere :
Je peux me donner du bon tems,
J'ai chez moi bon vin, bonne chere.
Pourtant fi je fçavois par vous
Un homme qui fût mon affaire,
Je le prendrois pour mon époux.
Qu'il foit complaifant, qu'il foit doux :
Peu m'importe qu'il foit fidele ;
Car fi j'en prens un, entre nous,
Ce n'eft pas pour la bagatelle.
Ah ! reprit l'autre, quel bonheur !
J'ai votre affaire, un homme aimable,
Doux, charmant, bien fait, fociable ;
Mais on l'a privé de l'honneur
De pouvoir créer fon femblable,
Et pour femme de votre humeur,
Ce n'eft rien. Rien ! répliqua-t-elle.
Entre nous, fi, par un malheur,
Il furvenoit une querelle,
Qui feroit le médiateur ?

LE BON CASUISTE.

Trois ans y a qu'au bon pays de Vire,
Pays d'où vient *fine fleur de Normand*,
Le bon Guillot contrit & repentant,
A son Pasteur ses péchés alla dire.
Entre autres cas, se confessa le sire
D'avoir un jour sur un écot surpris
Trois pots de cidre. Or en ce bon pays
De Sapience, on dit que d'âge en âge
Restituer n'est pas du bel usage.
Pour y forcer le paysan mutin,
Notre Pasteur employoit son Latin.
Il lui citoit les Loix, non la coutume.

Mais, reprit-il, à ce vol clandestin
Je n'étois seul ; &, comme je présume,
Ceux avec moi qui tirerent la plume,
Doivent de même en payer le douzain.
Raison avez, reprit l'homme divin.
Mais, Pere en Dieu, si j'ai bonne mémoire,
Vous en étiez : c'étoit un jour de foire.
Moi ? .... Vous.... Ah ! ah ! c'est vrai, je m'en
      souvien.
Mais ce jour-là ne mangeâmes nous rien ? ..
D'un bon gigot nous sçûmes nous ébattre,

Et ces fept pots qu'on nous compta pour
    quatre....
Va , va , Guillot , dit le Pafteur fenfé ,
Pour rendre à l'hôte il ne faut nous débattre ;
Car fur l'éclanche il s'eft récompenfé.

QUI PERD GAGNE.

Sans fon chien , même fans houlette ,
Errant dans des fentiers incertains , tortueux ,
Le beau Tircis , piqué des froideurs de Nannette ,
Maudiffoit les rigueurs d'un amour malheureux.
    L'Echo frappé de fa langueur extrême ,
Redifoit fur fes pas mille accens douloureux ,
Et parmi des hélas , ils répétoient tous deux :
Après tant de mépris , faut-il donc que je l'aime !
Les larmes , les foupirs , un langoureux maintien ,
      Très-fouvent ne menent à rien.
      Pour Tircis , plus heureux que fage ,
Son chagrin le mena dans un fombre bocage ,
      Que l'Amour , Jardinier malin ,
Avoit jadis planté pour fon ufage ;
      Et pour ufage clandeftin.
Nannette pour Tircis avoit un cœur fauvage ;
    Dur aux amours ; mais elle atteignoit l'âge ,

Où

Où devant un amant ,
Charmant ,
Fillette rarement ,
Se défend ,
Si sa raison prudente & sage
Ne sçait pas combattre en fuyant.
Docile à ses conseils , la timide Bergere,
Évitoit tous les lieux où se trouvoit Tircis ;
Mais lorsqu'on fuit un amant qui peut plaire ,
Tel soin ne fut jamais la marque du mépris.
Pour éviter tout badinage ,
Et dérober son cœur à l'ardeur de ses feux ,
Elle vint se cacher dans ce même bocage ,
Où Tircis méditoit des efforts plus heureux.
Que vois-je ? ô Ciel ! Tircis ! Eh ! quoi ! dit-il, Bergere,
Vous ne cherchez qu'à m'éviter !
L'ardeur de mon amour sincere
Dans ces lieux un moment ne peut vous arrêter !
Si mon trépas pouvoit vous plaire ,
Cruelle , au même instant je peux vous contenter.
Quoi ! lui dit-elle , encor ce douloureux martyre !
M'en fatiguerez-vous toujours ?
N'aurez-vous donc jamais autre chose à me dire ?
Vous sçavez que j'abhorre un Berger qui soupire,
Et vos tons larmoyans feroient fuir les Amours.
Adieu, Tircis.... Eh ! non , restez , belle Bergere,

II. Part.   B

Laiſſez mes triſtes yeux joüir de vos regards.....
Taiſez-vous, & je reſte ; ou parlez, & je pars :
    Entre nous deux c'eſt un accord à faire.
Quoi!ne rien dire!...Rien.Mais vous,le pourriez-vous?...
      Oui .... je le jure, accordons-nous,
      A tenter un peu cette affaire ;
    Mais qui de nous ne pourra pas ſe taire,
Au moindre mot, s'oblige à donner un agneau,
Le plus beau, le plus blanc qui ſoit dans ſon troupeau....
Soit, j'y conſens. D'abord un grand ſilence
      S'obſerva par nos deux amans :
    Mais que l'Amour, ſuivant la circonſtance,
      Rend ces ſilences-là parlans,
    Et leur fournit une vive éloquence !
La prunelle d'abord hazarde ſa ſcience,
Enſuite les regards ſont plus intéreſſans,
Et le cœur s'abandonne à leur douce influence.
Des regards aux ſoupirs, des ſoupirs aux tranſports,
    On s'émancipe : après quelques efforts,
      D'un bouquet on fit le pillage ;
Un ſouris indiſcret fut cauſe de l'outrage.
La Bergere parut s'irriter : mais hélas !
    Bien-tôt Tircis l'irrita davantage.
    Après les fleurs, il pilla les appas.
L'Amour, le doigt levé, diſoit : Ne parlez pas.
    Auſſi fit-on ; par degrés, dans Cythere,
Tircis entre en vainqueur, après quelques combats ;

Sans que Nannette fçût comme elle avoit pû faire
    Pour permettre le premier pas.
    Enfin, au milieu du myftere,
Elle leve fes yeux par l'Amour embellis,
Et foupire ces mots : ah ! Tircis ! ah ! Tircis !
Je meurs, je pâme, & je perds la gageure :
    Mais trop contente, je te jure ;
Car c'eft gagner que de perdre à ce prix.

LES QUATRE AU CENT.

UN Vieillard de cent ans enfin étoit giffant,
Prêt à defcendre au dernier domicile ;
Il s'en plaignoit. Un Prêtre alloit difant :
Hélas ! mon cher, la plainte eft inutile.
Cent ans! quel nombre! en voulez-vous donc mille?
Eh ! non, Monfieur, reprit l'agonifant,
    Je ne fuis pas fi difficile,
    Je ne veux que les quatre au cent.

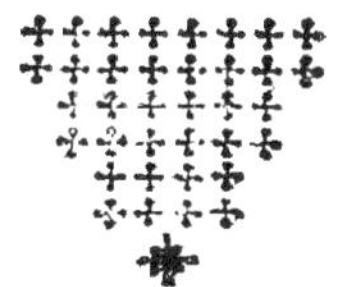

L'ÉCRITOIRE.

IL m'a paru toujours aussi juste que clair ,
Que femme à Procureur eût du goût pour son clerc ;
　　　C'est la raison. L'un froid , atrabilaire ,
Souvent dans sa maison croit être encor aux plaids ,
Et moins gai que sa robe , avec un air sévére ,
　　　　Au moindre mot qui lui déplaît ,
Interpelle chez lui servante & chambriere ,
Et ne prend d'autre ton que celui du Palais ;
L'autre souvent ne sçait que celui de Cythere ,
　　　　Et par tel qui n'y songe guere ,
Souvent avec ce ton se fait payer ses frais.
C'est la regle , on le sçait : sans ces accords secrets
　　　Un Procureur , dont l'esprit d'habitude ,
Se sent toujours chargé d'un fond d'inquiétude ,
N'épouseroit jamais de fille dans sa fleur ,
　　　　Si l'on n'avoit pas certitude
　　　　Qu'en épousant un Procureur ,
　　　　On épouse aussi son étude :
　　　　Oui , son étude , & j'ai connu
　　　　Un vieux Procureur biscornu ,
Oh ! qu'il le méritoit ! il avoit pris pour femme
　　Certain tendron , qui desservoit la flamme
　　　　De deux Clercs , vigoureux amants ,

Et recevoit encor, sans crainte d'aucun blâme,
     Les novices épanchemens
     D'un jeune Clerc de dix-sept ans.
Peut-être l'on prendra ceci pour une histoire,
Qui n'a pour fondement que des récits douteux ;
Mais écoutez : voici, si j'ai bonne mémoire,
Un fait sur ce sujet plus difficile à croire,
    Certain pourtant comme un & un font deux.

Jadis les Procureurs portoient, à leur ceinture,
L'Écritoire pendue à deux bouts de cordons ;
Ils en étoient plus prêts pour faire une écriture.
     Mais autres temps, autres façons.
L'un d'eux avoit pour femme aimable créature,
    Qui par besoin, ou bien par aventure
      Reçut d'un Negre Américain,
      Si vous voulez, d'un Africain,
      Le plaisir qui nous met au monde :
Quel goût ! un Africain ! mais relisez Joconde,
    Vous y verrez un Ange féminin
Cueillant des voluptés entre les bras d'un nain.
    La Procureuse enfin se trouve mere,
Accouche d'un enfant, dont l'indiscrette peau
     Portoit le cachet de son pere.
Une voisine accourt ; il ne seroit pas beau
Que votre époux, dit-elle, eût vent de cette affaire ;
Quelques soupçons pourroient lui monter au cerveau :
Je cours le prévenir. Il étoit au barreau.

        B iij

Monſieur, écoutez-moi ; Madame eſt accouchée :
De quoi ? D'un gros garçon : ce chef-d'œuvre nouveau
Fait voir combien Madame au pere eſt attachée :
Car vous vous reſſemblez comme deux gouttes d'eau,
Si ce n'eſt par le teint, dont la couleur eſt biſe.
  Mais confeſſez le cas avec franchiſe ;
   Je gage qu'étourdiment
Trouvant ſur un ſopha votre épouſe étendue,
Vous l'aurez carreſſée en Procureur galant,
Avec cette Écritoire à votre habit pendue ;
   Vous la portez inceſſamment....
  Vous l'avez dit ; une fois ſeulement....
Eh ! bien, vous avez fait avec votre écritoire
   Un beau miracle aſſurément !
Un peu d'encre a coulé, voilà certainement
Ce qui fait que la peau du petit eſt plus noire,
  Que n'eſt l'exploit d'un vieux Sergent.

LA FEMME INCORRIGIBLE.

SI tu ne finis ton tapage ,
Sçais-tu bien ce que je ferai ?
Je planterai là le ménage ,
Margot, je t'abandonnerai.
Alors , soit de force ou de gré ,
Tu me regretteras ; car , maudite femelle ,
Je veux te faire , avant d'accomplir ce dessein ,
Un quarteron d'enfans. Un quarteron , dit-elle ;
Fais-les-moi tout à l'heure , & décampe demain.

LA GAGEURE.

DAMON , jeune homme vigoureux,
Prit jeune fille en mariage ,
Qui comptoit ses quinze ans accompagnés de deux.
Par-dessus ce mérite , elle avoit en partage
Tant d'appas , que l'Amour dans ce nouveau ménage
Ne devoit pas rougir d'accompagner l'Hymen.
Le jour pris pour cet assemblage ,
Quand le Prêtre sur eux eût dit tous ses *Amen* ,
Et les sermons que mieux que la sainte Ecriture
Dans notre cœur docile imprime la nature ,

L'époux & son épouse , en obfervant les rangs ,
    Sortent du Temple, efcortés des parens.
De jeunes gens amis la troupe curieufe
Aflaille les conjoints de mille embraffemens.
L'un d'eux dit à l'époux : ô nuit délicieufe ,
Que tu vas paffer là ! que de contentement !
A voir cet incarnat dont ton vifage brille ,
Et l'amour empreffé qui dans tes yeux pétille ,
Je gage cent louis que tu ne pourrois pas
T'abftenir une nuit de fripper ces appas.
Cent louis ! une nuit ! je gage une femaine ,
Dit l'époux , même deux , & je gage fans peine ;
J'ai fur moi trop d'empire. Oh ! tant que tu voudras ,
Dit l'autre.... Eh ! bien , gageons.... Mais comment le
        fçaurai-je ?
Jamais de deviner je n'eus le privilége.
Mon époufe , fa mere , & parens courroucés ,
Si tu ne me crois pas , te le diront affez ;
L'affaire d'elle-même amenera fa preuve.
    Tout en riant fur gageure auffi neuve ,
    En tierce main l'on remet les enjeux ;
Ils rejoignent la nôce, on boit , on mange , on danfe ,
On prend quelques faveurs , fuivant la circonftance :
    Enfin , tout alla pour le mieux.
Je paffe le tableau d'une fcene auffi belle ,
    La nuit vint , & vint avec elle
    L'inftant fripon , l'inftant du cochemard.

'Allons, ma fille, allons, dit la mere prudente,
Il est minuit sonné, vous voyez qu'il est tard :
Il faut aller coucher. La fille obéissante
Danse encore un menuet, s'esquive, sort, & part ;
Aussi-bien que Damon, la mere, & deux femelles.
  Cette mere n'épargna rien
  De ces sottises maternelles,
  Dont le lecteur se doute bien.
Enfin ils sont couchés : bon soir, couple fidele,
Si dormir & ronfler toute la nuit s'appelle
  Passer une très-bonne nuit,
L'époux la passa bonne, & l'épouse du lit
  Sortit pucelle, & très-pucelle,
Si pucelle elle étoit avant qu'elle s'y mît.
Le lendemain la mere interroge la Belle.
Une mere aime assez telles descriptions ;
J'ignore le motif Ma fille, lui dit-elle,
Damon a-t-il pour vous eu de bonnes façons
Un homme est si brutal, que j'ai sujet de craindre.
Ah ! dit-elle, Maman, j'aurois tort de m'en plaindre,
Et si j'ai peu dormi, je ne m'en prends qu'à moi,
Car il ne m'a rien dit. Rien, dit la mere ! quoi...!
Ah ! ah ! cette froideur a droit de me surprendre.
  Damon arrive, on le lui fit entendre....
N'êtes-vous pas malade ? Etes-vous mécontent ?
  Hé ! bien, Damon, quand serez-vous mon gendre ?
Il ne répondit rien.... C'est qu'il est impuissant,

Et ma fille est trompée : ah ! Dieux ! quel accident !
Huit jours après , c'est un nouveau tumulte ,
La famille s'assemble , on agite , on consulte ,
Et le fait dûment discuté ,
Vîte à l'Officialité ,
Il faut présenter sa requête ,
Demander qu'il soit fait enquête.
Aussi-tôt dit , aussi-tôt fait.
Le Juge répond au placet :
Que pardevant-moi l'on l'assigne.
Il comparoît , répond fort mal ,
Et pour procédé déloyal
D'avoir entrepris fait dont il n'étoit pas digne ,
A rendre fille & dot il se vit condamné ,
Frais , intérêts , & de plus aumôné.
Le lendemain la mere amene une voiture
Chez le pauvre homme ; on lui dit mainte injure ,
On démeuble la chambre , on emporte , on détend ,
On charge les balots ; cependant à mesure
Que le crocheteur descend ,
La mere alloit , venoit. La pauvre mariée ,
La prunelle demi-mouillée ,
Cousoit quelques paquets ; bref , il ne restoit plus
Qu'un lit de camp , la pêle & la pincette ,
Qui lors n'étoient pas descendus.
Adieu , Monsieur , dit la fillette ,
En se tournant vers son défunt époux ,

La garde d'un Sérail eſt ce qu'on vous ſouhaite.
Le mari d'un petit air doux,
Sans ſe hauſſer, va fermer les verroux,
S'approche, la prend & la jette
Tout de ſon long ſur la couchette.
Ouvre, diſoit la mere à la porte. Ah ! maman !
Répondit-elle en bégayant,
Tout eſt changé, renvoyez la charrette.

SONNET, RONDEAUX, MADRIGAUX, BOUQUETS.

SONNET.

JE rêvois cette nuit qu'au métier de Maçon
J'avois fait succéder le penchant qui m'entraîne,
Et que sur le Parnasse en docte nourriçon,
J'étois dans l'art des vers instruit par Melpomene.

    Aux Auteurs assemblés je dictois la leçon ;
Et même en ignorant le travail & la peine,
L'esprit dans mes écrits habilloit la raison,
Et l'honneur seul servoit de motif à ma veine.

    Pour louer dignement mes talens précieux,
L'Univers étonné m'élevoit jusqu'aux Cieux ;
Mais au plus haut degré de ma gloire immortelle,

Je m'éveille, en criant : ô Muse trop cruelle !
Reprenez cet esprit qu'on admire en tous lieux ;
Je meurs de faim, hélas ! rendez-moi ma Truelle.

R O N D E A U.

J'Aime les vers, & furtout le Rondeau;
Son air naïf me donne un vrai cadeau,
Lorfque j'y trouve un galant badinage :
Même l'efprit n'y femble en efclavage,
Que pour briller, quand le tour eft en beau.

Le mot choifi doit paroître nouveau,
Vrai, naturel ; mais moi de mon cerveau
Puis-je tirer un qui foit plus d'ufage ?
　　　　J'aime.

D'un jeune cœur à quinze ans du berceau ;
Ce mot fi fimple eft fouvent le fléau ;
A fon bonheur fouvent il met le fceau.
Moi je l'ai pris pour tenir ce langage :
Aimable Iris, connoiffez votre ouvrage :
　　　　J'aime.

AUTRE.

L'AMOUR FIACRE.

L'AMOUR jadis ayant mis en colere,
Par tour malin, le maître du tonnerre,
Ce Dieu vengeur auſſi-tôt le manda,
Et pour ſa peine au fripon commanda
D'aller paſſer quelque tems ſur la terre.

Crainte lui fut de perir de miſere,
Et la raiſon n'en paroît que trop claire,
Car on faiſoit gratis en ce tems-là
L'amour.

Fiacre il ſe met, & ce Dieu mercenaire
Voiture au Bal la fille ſans la mere;
Et ſans l'époux, la femme à l'Opera.
Or depuis ce, que ſi bien voitura,
Fiacre toujours fut commode pour faire
L'amour.

AUTRE.

Contre une mauvaise Ballade faite sur une naissance
par P.

QU'UNE Ballade aux sources d'Hipocrene
Ait sçu puiser ce goût qui nous entraîne,
Ce tour naïf & si charmant en soi,
L'esprit alors jouit, de bonne foi,
Des agrémens dont la Ballade est pleine.

En elle il faut de l'esprit, de la veine,
Ce ton si vrai, connu de la Fontaine,
Et le Rondeau marche sous même loi
      Q'une Ballade.

L'ami Marot en fit bien & sans peine ;
Tout part de source : il est dans son domaine :
Mais que P.... qui doit se tenir coi,
Cherche à louer ou la Reine, ou le Roi ;
Rien de meilleur pour donner la migraine
      Qu'une Ballade.

MADRIGAL.
SUR LE COMTE DE SAXE,

Après la Campagne de 1746.

Gardez-moi de mes ennemis,
Sire, & je vous garde des vôtres,
Difoit un jour à l'ayeul de Louis
Un Héros qui lui feul en a valu bien d'autres.
Maurice, affranchis-toi d'un foin fi délicat,
Et fans craindre leurs traits, gagne-nous des batailles :
Tu ne peux avoir à Verfailles
D'ennemis, que ceux de l'Etat.

AUTRE.

Lit charmant, lit délicieux,
Séjour digne des Rois, throne où regnent mes Dieux;
Temple où le Dieu d'Amour reçoit sa souveraine,
Vous effacez Cythere, Amathonte, & Paphos;
   Mais qu'êtes-vous sans ma Climene?
   Un matelas & des rideaux.

AUTRE.

Croissez, feuilles, croissez, le Printemps vous
   l'ordonne.
  Sous votre ombrage appellez les Zéphirs;
  Ce verd gazon me sert déjà de thrône;
  Servez de dais à mes plaisirs.

B O U Q U E T,

A MADAME L. C.

POURQUOI faut-il que les amants
Aient été les premiers en date ?
Leur flamme adroite & délicate
A forgé tous les compliments :
Auſſi tout eſt feux & tendreſſe ,
Ardeur, délicieuſe ivreſſe ,
Ils ont même aux fleurs , aux bouquets ,
Impoſé des ſurnoms coquets.
Le verd eſt , ſuivant eux , couleur de l'Eſpérance ;
Bon, celui-là : mais pour le gris de lin,
Qui veut dire un amour ſans fin ,
C'eſt un menteur à toute outrance.
La roſe annonce de l'ardeur ,
Et le lys fauſſement exprime la candeur.

Que la tendre Amitié ne fût-elle marreine
Des bouquets & de leurs couleurs ?
Qu'aujourd'hui pour MARIE aiſément & ſans peine,
J'aurois fait un bouquet de fleurs !

On y remarqueroit de la Reconnoiſſance ,
Les Egards à côté ſerviroient de ſoutien ,

L'Eſtime & le Reſpect, & tout ce que je penſe
Y ſeroient pour beaucoup, je ne dis pas combien ;
Mais quoique le Reſpect faſſe toujours fort bien ,
Pour varier un peu ſes couleurs trop égales ,
On verroit l'Amitié remplir les intervalles ;
　　Et le mérite en ſeroit le lien.

B O U Q U E T,

A M A D A M E C. P. L.

En lui préſentant des fruits.

JAdis on préſentoit aux Dieux
Les fruits que nous offre Pomone ;
Sitôt que c'eſt le cœur qui donne ,
Tout doit être égal à leurs yeux.

O Divinité tutélaire ,
(Diſoit un mortel pénétré ,)
S'il eſt un moyen de vous plaire ,
Qu'il ſoit à mon cœur inſpiré.

Voici des fruits que la Nature
A fait éclore dans ſon ſein ;
Le Ciel a béni la culture ,
Sans doute il voyoit mon deſſein.

Recevez-les : mon cœur ſincere
S'applaudit d'offrir aujourd'hui

A la Déeſſe qu'il révere ,
Un hommage auſſi vrai que lui.

Dans ces temps reculés , dans ce précieux âge
Où l'eſprit & le cœur n'avoient qu'un ſeul langage ,
Ainſi parloient le Reſpect & l'Amour.

O vous , digne ornement de ce charmant ſéjour !
Si l'uſage que je conſulte
Avoit encor le même cours ,
Aurois-je changé de diſcours ?
Non : mais j'aurois changé de culte.

EPIGRAMMES.

A IRIS.

IRIS, je l'ai juré cent fois,
De vivre & mourir sous vos loix.
Des cœurs constans je serai le modele ;
Non comme époux, mais comme amant.
Si je refuse constamment
De l'hymen la chaîne éternelle,
Ce n'est pas pour être infidele ;
C'est pour mieux tenir mon serment.

LE PLAGIAIRE CONFONDU.

CET écrit dont chacun me paroît satisfait,
Est de toi : d'en jurer, il n'est pas nécessaire.
Pourquoi ne l'eusses-tu pas fait,
Puisque moi, j'avois sçu le faire ?

LA LOUANGE APPRÉCIÉE.

Tircis preſſoit Iris qui réſiſta.
Cet amant neuf ſaiſit une écritoire,
Et fit des vers où ſa Muſe chanta
De ces refus la glorieuſe hiſtoire,
Et la vertu d'Iris égale à ſes appas.
Ces vers, dit la Belle tout bas,
Ne m'en feront jamais accroire ;
Car ſi Tircis eût fait encore un pas,
Il eût pû chanter ſa victoire.

LA RÉPRIMANDE BIEN ENTENDUE.

Eh ! bien, finiſſez-vous, Clitandre ?
Votre ardeur ne ſe peut comprendre.
Ne point finir, c'eſt me laſſer.
Vous êtes injuſte, Clarice ;
Si vous voulez que je finiſſe,
Parbleu, laiſſez-moi commencer.

LE MEDECIN.

Un Medecin monte chez un malade,
Un Laquais mis en embuſcade
Lui dit : Monſieur eſt mort, & vous venez trop tard.
Mort ! de quand donc ? .... D'hier.... Oh ! le gaillard !

LE RACCOMMODEMENT NÉCESSAIRE.

Les ſots brouillent les gens d'eſprit :
Tels cas ne ſont que trop poſſibles ;
Car ſouvent lorſqu'on les aigrit,
Ils ſont moins prudents que ſenſibles.
Alors avec des Oſtrogots
Quelque temps ils ſe meſallient ;
Mais fatigués de ſots propos,
Enfin ils ſe réconcilient,
Par l'ennui d'être avec des ſots.

LE JUGEMENT SUR.

LOrſqu'entendrez femelles jabotter
Contre une Iris , dont ſage eſt la conduite,
Dites : ſes yeux ſont donc à redouter.
Lorſque verrez en un logis trotter
Moines capons ſous maintien hypocrite ,
Dites : eſt là vieillard qui veut teſter.
Quand verrez ſots s'attrouper , s'ameuter
Contre quelqu'un qui point ne s'en irrite,
Et qui d'ailleurs ſçait bien ſe comporter ,
Pourrez dire , même ſans héſiter :
Cet homme-là doit avoir du mérite.

QUITTE

QUITTE A QUITTE.

CONTRE Simon, Claude s'eſtomaquoit :
C'eſt cet Acteur qui fit tomber ma Piéce.
Ains d'autre part, Claude lui répliquoit :
Puis-je, morbleu, puis-je par mon adreſſe
Faire valoir un comique trop bas,
Où le bon ſens trébuche à chaque pas ?
C'eſt votre faute.... Eh ! non ; c'étoit la vôtre.
Paix ! paix ! Meſſieurs ; ne vous emportez-pas.
Vous avez raiſon l'un & l'autre.

CANTATES,
ET CHANSONS.

EOLE,
CANTATE *.

Dans les flancs spacieux d'une grotte profonde,
Eole retenoit les Vents impétueux ;
Ces Souverains des airs, ces fiers tyrans de l'onde
Modéroient, en grondant, leurs souffles orageux.

Sur un char brillant de lumiere,
L'épouse du maître des Dieux
Descend, & fait cette priere
Au Roi de ces Vents furieux.

Eole, sers à ma vengeance,
Le fils d'Anchise est sur les eaux ;
Disperse à l'instant ses vaisseaux,
Qu'il reconnoisse ma puissance.

En vain par ses vœux impuissans

---

* Cette Cantate a été mise en musique par M. le JAY.

Il croit appaifer ma colere ;
Qu'il garde un inutile encens,
Je hais trop le fils & fa mere.

Eole , fers , &c.

Elle dit : auffitôt le fougueux Souverain ,
Le Dieu des Vents brife leurs chaînes ,
Et de leurs voutes fouterraines ,
Il ouvre les portes d'airain.

Déployez vos rages ,
Je brife vos fers ;
Portez les orages
Dans tout l'Univers ,
Et par vos ravages
Peuplez les Enfers.

Ils volent , tout frémit , les rapides éclairs
Percent , en fillonnant , le vafte fein des airs ;
La mer au loin mugit , l'onde blanchit , écume ;
S'éleve jufqu'aux cieux , & la foudre confume
Les vaiffeaux échappez à la fureur des mers ;
Tout périt , & la Parque en fes demeures fombres
S'applaudit d'enrichir le royaume des Ombres :
Tout périt , tout périt , excepté le Héros
Que Neptune fauva de la fureur des flots.

Belles , fermez à la vengeance

Un cœur difpofé pour l'amour ;
Ne puniffez qui vous offenfe
Qu'en lui pardonnant fans retour.

Des Dieux fi vous êtes l'image
Par l'éclat & par la beauté,
Comme eux méritez notre hommage
Par l'indulgence & la bonté.

Belles, fermez à la vengeance
Un cœur difpofé pour l'amour ;
Ne puniffez qui vous offenfe
Qu'en lui pardonnant fans retour.

LA TENTATION
DE SAINT ANTOINE,
*BOUQUET A MADAME ***.*

Air : *Plus inconstant que l'onde.*

CIEL, l'Univers va-t-il donc se dissoudre ?
Quel bruit ! Quels cris ! Quel horrible fracas !
Devant moi je vois la foudre,
Elle tombe par éclats,
Tout est en poudre
Sur mon grabat. Grand Dieu, du haut des Cieux
Vois ma disgrace ;
Et par ta grace,
Fais que je chasse
L'Enfer de ces lieux.

Air : *Du haut en bas.*
C'étoit ainsi
Qu'Antoine exprimoit ses allarmes :
C'étoit ainsi
Qu'Antoine exprimoit son souci.
Lorsque le Diable par ses charmes
Venoit chez lui faire vacarmes ;
C'étoit ainsi.

C iij

Air : *Des Folies d'Espagne.*

On vit fortir d'une grotte profonde
Mille Démons , mille fpectres divers :
Des noirs efprits toute la troupe immonde ,
Pour le tenter , déferta les Enfers.

'Air : *Turelure , lure , & flon , flon.*

On vit des Démons
De tous les cantons ,
De la ville & de la campagne ,
De la Cochinchine & de l'Efpagne ;
On y vit des Diables blondins ,
Des bruns , des gris & des châtains :
Les bruns fur tout , méchans lutins ,
Faifoient remuer des Pantins ;
Ture , lure , lure ,
Et flon , flon ,
Tous avoient leur ton ,
Leur allure.

Air : *La Faridondaine.*

Quelques-uns prirent le cochon
De ce bon faint Antoine ;

Et lui mettant un capuchon ,
Ils en firent un Moine :
   Il n'en coûtoit que la façon ,
     La faridondaine ,
     La faridondon ,
   Peut-être en avoit-il l'esprit ,
     Biribi.

Air : *Sous un ormeau.*

   Sur un sopha
Une Diablesse en falbala ;
   Aux regards fripons ,
Découvroit deux jolis monts
   Ronds.

Air : *Au fond de mon caveau.*

Ronflant comme un cochon ,
  On voyoit sur un thrône
Un des envoyés de Pluton :
  Il portoit pour couronne
Un vieux rechaud de fer sans fond ,
  Et pour sceptre un tison ;
  Sous ses pieds un Démon
        C iv

En forme d'un dragon ,
Vomissoit du canon.
Le Diable s'éveille , & s'étonne ;
Et dit : Garçons :

Air : *La Pierre-Vitoise* , Contredanse.

Courez vîte ; prenez le patron ,
Et faites-le moi danser en rond :
Courez vîte ; prenez le patron ,
Tirez-le par son cordon.
Bon.
Messieurs les Démons , laissez-moi donc.
Non ;
Tu chanteras ,
Tu sauteras ,
Tu danseras.
Courez vîte ; prenez le patron ,
Tirez-le par son cordon.
Bon.

'Air : *Quand la Mer rouge apparut.*

Le Saint , craignant de pécher
Dans cette aventure ,
Courut vîte se cacher
Sous sa couverture.

Mais montant fur fon châlit,
Il rencontra dans fon lit
    Une Concubine ;
    C'étoit Proferpine.

Air : *Nous autres bons Villageois.*

    Piqué, dans ce bacchanal,
D'avoir vû qu'on brifoit fa cruche,
    Et qu'un derriere infernal
Avoit fait caca dans fa huche ;
Crainte auffi de tentation,
Notre Saint prit un goupillon,
Et flanque aux Démons étonnés,
De l'eau-bénite par le nez.

Air : *Du fecond quatrain des Folies d'Efpagne.*

    Tel qu'un voleur, fi-tôt qu'il voit main-forte ;
Tel qu'un foldat à l'afpect des Prévôts :
On vit s'enfuir l'infernale cohorte,
Et s'abymer dans fes affreux cachots.

'Air ! *Ah ! Maman, que je l'échappe belle !*

Ah : mon Dieu ! que je l'échappe belle !
    Dit le Saint tremblant,
           C v

Tout en fortant
De fa ruelle.
Ah ! mon Dieu ! que je l'échappe belle !
Un moment plus tard
Je faifois le Diable cornard.

'Air : *Le Démon malicieux & fin.*

Le Démon , quoiqu'il paffe pour fin ,
Ne fut pas alors affez malin.
S'il eût pris la forme de Toinette ,
Son air charmant , fa taille & fes appas ;
C'étoit fait , la Grace étoit muette ,
Et faint Antoine eût volé dans fes bras.

ARIANE,
CANTATILLE.

Air : *Des Folies d'Espagne.*

LOin d'un amour que la gloire condamne,
L'ingrat Théfée en de fauvages lieux
Un beau matin abandonne Ariane :
Le doux fommeil fermoit alors fes yeux.

Air : *Réfonnez, ma mufette.*

En s'éveillant, la Belle
Et le cherche & l'appelle ;
Mais ne le trouvant pas,
Elle s'écrie, hélas !

Air : *Du Devin de Village.*
J'ai perdu mon ferviteur,
J'ai perdu tout mon bonheur,
L'ingrat me délaiffe.   (*bis.*)

Air *de Trompette.*
Quand elle eut tenu ce propos,
Elle entendit une Trompette.
Quand elle eut tenu ce propos,

Elle entendit quelques Echos ;
Et le vallon qui les répete ,
En cadence redit ces mots ,
En caden. . . . . ce. . . . . . ;

Bacchus , c'eſt toi que je chante ,
Tu nous conduis dans ces lieux :
Tout nous plait , notre ame eſt contente ,
Jupin n'eſt pas mieux dans les Cieux.

Air : *Quand le Dieu Sabaoth.*

Des Faunes , des Sylvains
Portoient dans leurs mains
Chacun des brocs de vin.
    Ils buvoient ,
    Danſoient ,
    Et chantoient
    Des couplets
    Mal faits ,
Que d'autres répétoient.
Plus d'un tendron , mignon ,
   A l'œil fripon ,
Au ſon de leur chanſon
   Sautoit en rond :
Et plus loin des poupons

Dans des cruchons
Se fourroient le menton ,
Et difoient , bon.
La troupe à chaque pas
Tomboit à bas ;
Et porté fur les bras
De trois foldats ,
Dans un brancard brifé ,
Le vieux Silene étoit renverfé.

Air : *Quoi ! c'eft donc là cet objet radieux.*

Bacchus enfuite étoit vu fur un char ,
Le Thirfe en main , & la trogne vermeille.
Bacchus enfuite étoit vû fur un char :
Sur Ariane il lance un doux regard.

Air : *Ça n'vous va brin.*

Oh ! la charmante Pelerine
Que je trouve dans ce canton !
Quoi donc ! vous paroiffez chagrine !
A quoi le chagrin eft-il bon ?
Tnez , buvez ce coup de Champagne ,
Et puis vous ferez ma compagne.
Sçachez , dit-elle , ô Dieu du Vin ,
Qu'ça n'vous va brin ,
Qu'ça n'vous va brin.

Air : *Des Proverbes.*

D'un grand pays je suis la Souveraine ;
De ma vertu l'Univers est témoin....
Votre vertu ! dit Bacchus ; ah ! ma Reine,
A beau mentir qui vient de loin.

Air : *De tous les Capucins du Monde.*

Ici mon époux en colere....
Ah ! grands Dieux ! je sçais votre affaire,
Dit Bacchus, en prenant un bras.
Thesée .... oui, voilà le mystere.
Notre Cantate ne dit pas
Ce que la douleur lui fit faire.

ACIS ET GALATÉE,
CANTATILLE.

Air : *Babet , que t'es gentille !*

A L'ombrage secret
D'une rive enchantée,
Même buisson couvroit
Acis & Galathée.
Ils se regardoient,
Puis ils soupiroient,
Et soupiroient encore.
Que je t'aime, mon cher amant !
Disoit la Nymphe tendrement.
Acis répondoit vivement :
Et moi j'aime & j'adore,
Et moi j'aime & j'adore.

Air *de Menuet.*

D'un bois voisin, à cent pas de ces lieux,
Sortit tout à coup un monstre furieux,
D'un bois voisin, à cent pas de ces lieux !
Sortit un Colosse effroyable,
Un monstre odieux,
Noir, hideux.

Géant énorme , affreux ,
Son œil perçant & creux
Lançoit de toutes parts
Des regards
Hagards ;
Il grimpe fur un mont ,
Et là ce Rodomont
Fait frémir les Echos
Du fon de ces terribles mots.

'Air : *On ne peut trop tôt fe mettre en ménage.*

Où vous cachez-vous ,
Rival miférable ,
Couple trop coupable ,
Rival miférable ,
Où vous cachez-vous ?   (*bis.*)
Mon cœur , qu'on accable ,   (*bis.*)
N'eft que trop jaloux.   (*bis.*)
Redoutez mes coups.   (*bis.*)

'Air : *Voici les Dragons qui viennent.*

Grands Dieux , j'entends Poliphême ,
Acis , fauvons-nous.
Je crains fa fureur extrême ,
Non pour moi , mais pour vous-même...:
Et moi pour vous.

Air : *Ciel ! l'Univers va-t-il donc se dissoudre.*

Dieux ! je les vois !
Dit le monstre terrible.
Sa voix horrible
Fit trembler les bois ;
Je les vois ! est-il possible ?
Je les tiens à cette fois.
Parque inflexible ,
Seconde-moi.

Air : *Les Cieux par la flamme entrouverts.*

D'un bras que la rage conduit ,
Il détache un roc qui s'éboule.
Sous la masse énorme qui roule ,
Ciel ! Acis écrasé périt.

Air : *Quoi ! c'est donc là cet objet radieux.*

Tendres amants , que l'amour rend heureux,
Cherchez toujours le plus sombre bocage.
Tendres amants , que l'amour rend heureux ,
Que le mystere veille sur vos feux.
Vous , cœur sauvage
Qu'Amour engage
Pour un objet qui méprise vos vœux,

Qu'un autre hommage
Vous dédommage.
Retirez-vous en respectant ses nœuds.
Tendres amants , &c.

LÉANDRE ET HERO,

RONDEAU.

Air : *De la Romance de Daphné.*

POURQUOI passer à la nâge ?
N'avoit-il point de batteau ?
En amour qu'on est peu sage !
Pourquoi risquer ce passage ,
La nuit, au milieu de l'eau ?

Dès que Hero vit Léandre ,
Léandre fut son amant.
Se regarder d'un air tendre ,
Soupirer , parler , s'entendre ,
Fut l'ouvrage d'un moment.

Demeurez-vous loin , la Belle ?
N'êtes-vous point d'Abidos ?

C'eſt vrai, reprit la pucelle ;
J'habite cette tourelle
Tout vis-à-vis de Seſtos.

Quoi donc ! dans cette tourelle ,
Ah ! ſi vous vouliez ce ſoir
Y placer une chandelle.
Je le veux bien , lui dit elle ;
Mais Léandre , il fait bien noir.

Quoique la mer nous ſépare ,
Puis-je craindre le danger ?
Le flambeau qu'Amour prépare
Sçaura me ſervir de Phare ,
Et de plus je ſçais nâger.

Le ſoir même la lumiere
Lançoit un éclat tremblant ;
A ce ſignal qui l'éclaire ,
Léandre fend l'onde amere ;
Le Deſir voloit devant.

Sur l'autre bord il arrive ;
Hero reçoit ſon vainqueur ;

Que de baisers fur la rive,
La tendresse la plus vive,
En disoit moins que son cœur.

Pendant quelques nuits de suite
Il va la voir constamment.
Plein de l'amour qui l'excite,
Il alloit toujours fort vîte,
Mais revenoit lentement.

Une nuit, Ciel ! quel orage !
La Mer se gonfle, mugit,
Qu'importe, il s'élance, il nâge ;
Mais quel horrible présage !
Le clair flambeau s'éteignit.

Le flot l'emporte, l'entraîne :
En vain il étend les bras ;
Il succombe, il perd haleine ;
Il meurt en pleurant la peine
Que va causer son trépas.

Le matin , Hero tremblante
Jette les yeux triſtement
Sur les bords.... Sa vue errante....
Dieux ! quel objet d'épouvante !
Ciel ! ô Ciel ! c'eſt mon amant.

La mort ſeule à ſa ſouffrance
Donna du ſoulagement.
Dans pareille circonſtance ,
Nos femmes ſçauroient, en France ,
Se conſoler autrement.

CHANSON.

Air : *Il est une Sophie.*

Babet m'a sçu charmer ,
Babet a ma tendresse.
Qui voudroit m'en blâmer
N'a pas vû ma maîtresse.
     C'est un air si fin ,
     Une taille , un sein !
C'est la plus belle fille !
N'eût-elle que des jupons courts ,
Et son corset d'à tous les jours ,
Vous diriez , fussiez-vous un ours ,
     Babet, que t'es gentille !
     Babet , que t'es gentille !

Quand Babet a dit oui ,
C'est oui qu'il faut comprendre ;
Chacun est réjoüi ,
Si-tôt qu'on peut l'entendre :
     C'est la Vérité ,
     La Simplicité !
Point de détours de fille.
Fût-ce le soir ou le matin

Qu'on la voie , adieu le chagrin ;
Qu'elle chante, on eſt tout en train.
  Babet, que t'es gentille !
  Babet , que t'es gentille !

Un gros fermier d'ici
A dit : Babet , je t'aime :
Je mourrai de ſouci ,
Si tu n'en dis de même.
  Tiens , veux-tu de l'or ?
  De l'argent encor ?
Tiens, prends, prends-en, ma fille :
Mais elle : Bon ! Allez , Monſieur ;
Quoique pauvre , j'ons de l'honneur.
Quand j'ai ſçu ça , j'ai dit d'un cœur !
  Babet , que t'es gentille !
  Babet, que t'es gentille !

J'irai trouver Babet ,
J'irai trouver ſa mere....
Non.... D'abord en ſecret....
Mais je crains ſa colere.
  Je lui parlerai ,
  Oui , je lui dirai :

Ah ! Babet ! ah ! ma fille !
Si tous les jours je fuis tes pas ,
C'eft que l'Amour & tes appas....
Tiens... Je... Oui... Non , je ne ments pas :
    Babet , que t'es gentille !
    Babet , que t'es gentille !

A U T R E.

Air : *Du Pot au noir.*

ON dit que je fuis gentille ;
Mais pour moi je n'en fçais rien :
Quand on eft honnête fille ,
On eft toujours affez bien :
Mais l'amour de moi s'empare ,
Sans que j'y puiffe pourvoir ,
    Gare , gare ,
Gare , gare le pot au noir.

La Saint Jean , ce fut le terme
Où mon pere prit chez nous
Colin pour mener fa ferme ;
Et ce garçon vaut beaucoup.
Jamais on ne le rembarre ;

Ca

Car il fait bien son devoir.
Gare, gare,
Gare, gare le pot au noir.

Je suis plus morte que vive ;
Lorsque je ne le vois pas ;
Et quand le soir il arrive,
De loin je connois son pas.
S'il tarde un peu, mais c'est rare,
Je suis toute au désespoir.
Gare, gare,
Gare, gare le pot au noir.

Quand je le trouve à la grange,
Mon corset gêne mon sein.
Si devant moi Colin mange,
Je voudrois mordre en son pain ;
S'il me parle, je m'égare,
Et je me sens émouvoir.
Gare, gare,
Gare, gare le pot au noir.

Sur son lit Colin sommeille,
Quand il a pris son repas ;

II. Part. D

J'irai lui pincer l'oreille,
Ou le tirer par le bras.
Quoique le tour soit bizarre,
Je le ferai dès ce soir.
      Gare, gare,
Gare, gare le pot au noir.

✝

Le soir même la fillette
Au lit de Colin alla ;
Et l'Amour vers la couchette,
Quoiqu'à tâtons la mena :
Mais sous ses piés une barre
Sur le garçon la fit cheoir.
      Gare, gare,
Gare, gare le pot au noir.

✝

En sursaut Colin s'éveille.
De ce qu'à Jeannette il fit,
Vous vous vous doutez à merveille,
Et cela perd au récit.
Aux plaisirs qu'Amour prépare,
Si l'on offre le miroir,
      Gare, gare,
Gare, gare le pot au noir.

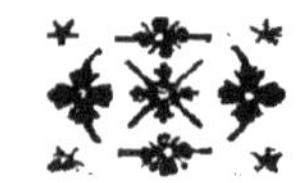

AUTRE.

Air : *L'autre jour étant assis.*

Est-ce au faîte des grandeurs
Que le vrai bonheur réside ?
Est-ce au comble des honneurs
Que la volupté préside ?
   Non : mais jouir sans bruit
   D'un objet qui nous aime ,
   Bon vin , un bon ami ;
   Voilà le bien suprême.

❖

Loin de tous yeux indiscrets
Suis-je près de ma Bergere :
Vois-je mousser un vin frais
Dans un vase de fougere :
   Assis à mes côtés ,
   Un ami véritable
   Reçoit-il nos santés ;
   Mes Dieux sont à ma table.

❖

Eglé , reçois le serment
Que la vérité m'inspire ;
Tes yeux verront ton amant
Toujours sous le même empire.

D ij

Si jamais dans mon cœur
Le tems éteint ma flamme ;
Pour derniere faveur ,
Parques , coupez ma trame.

Je ne veux point que mes jours
Survivent à ma tendresse.
Sans amis ou sans amours ,
Qu'ai-je besoiu de vieillesse ?
 Leur cœur est le seul bien
 Qui soit digne d'envie ;
 Après eux il n'est rien
 Qui m'attache à la vie.

AUTRE.

Sur le même air que le précédent.

BUvons tous à la santé
De notre hôte & notre hôtesse,
Chez eux l'aimable gaîté
Fait honneur à la sagesse.
 Jamais le noir souci
 Ne paroît à leur suite ;
 Car on n'en sent ici
Qu'à l'inftant qu'on les quitte.

AUTRE.

Air :

SUr le bord d'un ruisleau
Qu'agitoit un doux Zéphire,
Je vis fous un ormeau
Tircis près de Themire ;
Je me glissai près d'eux.
Themire étoit diftraite ;
Et fans lever les yeux,
De doux nœuds
Ornoit fa houlette.

✖

Le Berger eft charmant ;
Et n'a nul trait qui ne plaife.
Son âge eft de vingt ans :
La Bergere en a feize.
La plus charmante fleur,
Au lever de l'aurore,
Par fa vive blancheur,
Sa fraîcheur ;
Plairoit moins encore.

✖

Pourquoi, difoit Tircis,
Mon cœur craint-il ton abfence ?

C'eſt qu'en proie aux ennuis
Que chaſſe ta préſence,
Loin de ton œil vainqueur,
Je languis, je ſoupire;
Il n'eſt nulle douceur
　　　Pour mon cœur
　　Que près de Themire.

Le jour n'a de beauté
Que quand je la vois paroître:
Elle eſt ma volupté;
Elle ſeule en fait naître.
Ces troupeaux ſi chéris
Qui ſavoient tant me plaire;
Me ſont d'un moindre prix
　　　Qu'un ſoûris
　　Que fait ma Bergere.

Tircis lui prit la main:
Elle lâcha ſa houlette.
Un baiſer ſur le ſein
Acheva ſa défaite:
Un buiſſon me cacha
Tircis & la Bergere;
L'Amour après cela
　　　S'envola
　　Le dire à Cythere.

AUTRE.

Air : *Sur le bord d'un ruiffeau.*

J'Ai bientôt quatorze ans,
Sans doute je vais plaire ;
Car la moindre Bergere
N'eft ici fans amans :
Mais fure de charmer,
Je voudrois bien apprendre
Comment il faut s'y prendre ,
Lorfque l'on veut aimer.

✗

Auffi-tôt qu'un Berger
Me dira : Je vous aime ;
Dois-je dire de même ?
Oui , car il peut changer.
Il doit me pardonner ,
Si je manque à l'ufage ;
Mais s'il demande un gage ,
Je ne fçais que donner.

✗

Ma houlette ou mon chien ,
Me devient néceffaire ;
Je ne puis me défaire
De l'un ou l'autre bien.

D iv

Le préfent d'un agneau
Seroit bien mon affaire,
Si tous les jours ma mere
Ne comptoit mon troupeau.

Un jour pour appaifer
Le courroux de Silvandre,
Lifette d'un air tendre
Le paya d'un baifer.
Il fut, je m'en fouvien,
Content de fa victoire ;
Mais je ne pus le croire ;
Car un baifer n'eft rien.

J'ai baifé fi fouvent
Cette jeune Bergere :
J'embraffe auffi ma mere,
Elle que j'aime tant ;
Mais libre en mon defir,
Je n'ai rien qui m'entraîne ;
Si je le fais fans peine,
C'eft auffi fans plaifir.

Quand l'Amour une fois
Nous met fous fon empire,

Sans doute qu'il infpire
Les cœurs dont il fait choix.
Qu'il vienne ce vainqueur
Me rendre fon hommage ;
Je n'ai point d'autre gage
Que le don de mon cœur.

AUTRE.

Air : *A l'ombre de ce verd bocage.*

UN jour dans un bois folitaire ,
L'Amitié rencontra l'Amour.
Bon jour ma fœur. Bon jour mon frere,
Ah ! dit-elle, quel heureux jour !
Mon frere , enfin je te poffede ;
Souvent je te fuis de bien près ,
Et quelquefois je te précede :
Mais je ne te trouve jamais.

De notre peu d'intelligence
Tout mortel rit avec aigreur :
Un air de haine & de vengeance
Doit-il être entre frere & fœur ?
A voir cette froideur extrême ,
Ils croyent qu'on fait peu s'aimer.

D v

Bon ! dit l'Amour, ils font de même ;
Ils ne peuvent nous en blâmer.

Chacun, ma sœur, a ses affaires :
Tout roule sur moi sous les cieux.
Nos transports sont peu nécessaires ;
Nous ne nous aimerions pas mieux ;
Et je vous dirai sans mystere,
Que je hais votre air de Caton.
Eh ! que faites-vous sur la terre ?
A peine vous y connoît-on.

A chaque instant la perfidie
Y prend votre nom & vos traits ;
Et par les mortels applaudie ,
Voit encenser tous ses portraits :
Mais pour moi, ma puissance est sûre,
Vainement on veut s'en garder ;
Je suis l'ame de la Nature ,
Dès que je parle , il faut ceder.

Je sçais que tout ce qui respire
Est, reprit-elle, sous tes loix,
Et que tu tiens sous ton empire
Les cœurs des Bergers & des Rois :

Mais tes faveurs font toujours prêtes :
Tu veux par-tout être vainqueur.
Amour, tu comptes les conquêtes,
Et moi j'en pefe la valeur.

Qu'en mille ans un couple fidele
De mes loix faffe fon bonheur ,
En voyant renaître un modele ,
C'en eft affez pour mon honneur.
Vole de victoire en victoire ,
Je te cede tes favoris ;
Je préfere à toute ta gloire
Le cœur d'Ifmene & de Philis.

Leurs vertus.... Alors la Déeffe
Se tut fans avoir achevé ;
Par un trait de délicateffe ,
Qu'un amant n'eût pas obfervé :
Elle eût dit que vous étiez belles ;
Que vos cœurs font faits pour aimer.
L'Amour ouvroit déjà fes aîles ,
Et voloit pour vous enflammer.

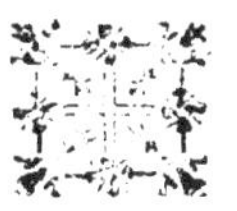

A U T R E.

Climene avoit appellé l'Auteur son Toutou.

Air : *A l'ombre de ce verd bocage.*

Que la Fauvette de Dorine
Se vante d'avoir des faveurs ,
Que pour Bichonne & pour Plotine
On prodigue mille douceurs :
Leur sort ne me fait point de peine ;
Car je trouve bien plus d'appas
D'être le Toutou de Climene ,
Que l'oiseau cheri de Pallas.

Je serai près de ma Bergere
Un modele pour les Toutous ,
Caressant , fidele & sincere.
Que mon emploi me sera doux !
La vérité fait sa devise ,
Son caractere est la candeur ;
Et dans le monde la franchise
N'a d'autre temple que son cœur.

Pour faire tout ce qui la flatte,
Je voudrois hâter son desir :
Elle marcheroit sur ma patte :
Que j'y trouverois de plaisir !
Tout par elle m'est agréable,
Et l'absinthe ou le chicotin
Deviendroit pour moi délectable ;
Si je le mangeois dans sa main.

Je n'ai point cette ardeur terrible
De ces chiens toujours aux abois ;
Mon cœur est tendre, il est sensible ;
Et mon cœur gouverne ma voix.
Pour lui peindre l'ardeur qu'inspire
Le desir de m'en faire aimer ,
Je la regarde , je soupire ,
En faut-il plus pour s'exprimer ?

Jadis pour une autre maitresse
J'ai long-tems gardé les troupeaux :
Mais peu délicate en tendresse ,
Elle écoutoit mille rivaux.
Un jour aussi que l'inhumaine
Croyoit avoir sçu me lier ,
J'arrache , je brise ma chaîne ,
Et me sauve avec le collier.

✖

Sur ce collier son nom peut-être
Est encore resté gravé :
Mais, à ce que je puis connoître,
Mon cœur n'en est plus captivé.
Viens, Amour, que ta main efface
Ce nom qui me tint sous sa loi ;
Que ta fleche y grave à la place,
Climene a son cœur & sa foi.

AUTRE.

Air : *A notre bonheur l'amour préside.*

JE reconnois le triste bocage
Si funeste à ma tranquillité ;
C'est sur ce gazon, sous cet ombrage
Que j'ai perdu ma félicité ;
C'est-là que Tircis sur sa musette,
D'une ardeur parfaite,
Exprimant les feux,
J'ai fait l'aveu de l'amour extrême,
Qui malgré moi-même
Parut dans mes yeux.

Certaine rougeur sur mon visage,
Mon air distrait, mon sein agité ;

Mon innocence, mon peu d'usage,
Tout lui dévoiloit la vérité,
Il me prend la main, j'étois tremblante :
Mon trouble s'augmente
A chaque moment.
Pour combattre le feu qui l'anime,
Ma bouche s'exprime,
Mon cœur la dément.

Oui, Themire : oui, je vous adore,
Me disoit-il, & si tendrement !
Que je ne voye jamais l'aurore,
Si je cesse d'être votre amant :
Si je renonce au soin de vous plaire;
D'une autre bergere
Si je suis les pas,
Que le tendre amour qui voit ma flamme,
Ne livre mon ame
Qu'à des cœurs ingrats.

Ces ruisseaux, ces fleurs, cette verdure,
Et la présence de mon vainqueur;
Dans cet instant, tout dans la Nature
Paroissoit s'unir contre mon cœur.
Les premiers efforts de sa tendresse,

Sont par ma sagesse
D'abord repoussés ;
Je n'ose en exprimer davantage,
Il devint volage :
C'est en dire assez.

LA MÉTAMORPHOSE

D'UNE BERGERE EN ŒILLET;

A ISMENE.

Air : *De la chanson d'Alexis.*

JADIS il fut une Bergere
    Pleine d'appas,
Cruelle, farouche, févere
    Comme on n'est pas.
S'il lui venoit un Berger tendre
    Qui larmoyoit,
Elle refusoit de l'entendre,
    Ou bien fuyoit.

✳

Il étoit au même village
    La jeune Alis :
Douceur dans l'ame ; en son visage
    Roses & lys ,

Taille de Nymphe, air de noblesse,
    Ferme embonpoint ;
D'Alis on aimoit la sagesse ;
    De l'autre, point.

Celle-ci trouve Alis aimable ;
    Et le lui dit :
La belle Alis d'un air affable
    Le lui rendit.
Soyons, dirent-elles, ensemble
    Incessamment :
Le lien qui deux cœurs rassemble,
    Est bien charmant.

Leurs troupeaux lors des mêmes herbes
    Toujours paissoient,
Toutes deux sur les mêmes gerbes
    Se reposoient.
Sans Alis l'amie étoit blême,
    Prête à périr :
Sans elle Alis étoit de même
    Prête à mourir.

Alors Alis devint si belle
    Qu'on en parla,

En paſſant, on diſoit : c’eſt elle ;
        Ah ! la voilà !
Le fils du Roi ſur ſon paſſage
        Vient & la voit ;
Et la Belle eut en mariage
        Le fils du Roi.

⁂

L’amie au lieu d’en avoir joie,
        En eut dépit.
Aux ſoupirs ſon cœur fut en proie,
        Sans nul répit.
Le Lys fit place à la Jonquille
        Sur ſon blanc tein :
Elle ſeche, & la pauvre fille
        Mourut enfin.

⁂

A ſa mort les Dieux l’ont changée
        En cet œillet,
Et leur juſtice s’eſt vengée
        Avec ſujet :
Mais s’ils changeoient en fleurs & roſes
        Les cœurs malins,
Nous en aurions toujours d’écloſes
        Dans nos jardins.

⁂

Comme œillet, fut hors de tout blâme
        Quant à l’honneur :

De la vertu qu'elle eut dans l'ame,
    Elle a l'odeur :
Mais l'ame chaste, l'air modeste,
    Sont sans appas,
Si l'esprit, le cœur, & le reste
    N'y répond pas.

✺

Voici pour votre fête, Ismene,
    Ce pauvre œillet.
Votre exemple croîtra sa peine
    Et son regret.
C'est peu, saura cette inhumaine,
    Que de charmer,
Il faut que de vous elle apprenne
    A bien aimer.

✺

Vous l'instruirez par votre usage,
    Qu'en amitié,
Le mal, le bien, tout se partage
    Par la moitié ;
Et qu'un cœur qui pense de même,
    Prise le bien ;
Et le bonheur de ce qu'il aime,
    Plus que le sien.

CHANSON.

Air : *Ne v'là-t-il pas que j'aime.*

QUI veut sçavoir dans mes amours
Quel seroit mon systême ?
D'aimer, & même sans retour ;
Car c'est ainsi que j'aime.

Je n'aimerois les Jeux, les Ris,
Fût-ce chez les Dieux même,
Qu'où je trouverois mon Iris,
Car c'est ainsi que j'aime.

Si l'on m'offroit, sans ses appas,
Le plus beau diadême,
Loin d'elle je n'en voudrois pas;
Car c'est ainsi que j'aime.

Je sçaurois braver comme Acis,
Le jaloux Poliphême,
Pour me trouver près d'elle assis;
Car c'est ainsi que j'aime.

Je voudrois qu'à tout indifcret
Mon cœur fut un emblême
Dont Iris feule eût le fecret ;
Car c'eft ainfi que j'aime.

Mais je cherche un objet en vain
A mon amour extrême :
Qui me dira ce doux refrain ?
Oui , c'eft ainfi que j'aime.

AUTRE.

Air : *L'Equipage.*

UNE Bague !
Mais il extravague :
Certe, Chevalier ,
Le trait eft fingulier.
Quelle route !
Vous croyez fans doute
Etre chez Raton ,
Ou parler à Marton.

Il faut convenir qu'elle eft bien montée ,
Et mérite d'être préfentée.
Que de feu !

Oui , j'en ai vû peu
De ſi belle eau ,
Surtout cet anneau
Paroît for beau.
Qu'il eſt étroit ,
Il eſt bien à mon doigt.

Une Bague, &c.

Mais qu'il eſt hardi! comme il vous regarde !
Contre vous le cœur doit être en garde
Des préſents ,
Des ſoins complaiſants ;
Je vous la rends.
Mais non , je la prends
Pour le plaiſir
De vous punir
D'avoir oſé l'offrir.

Une Bague , &c.

AUTRE.

Air : *Ah ! le bel oiseau , Maman !*

AMIS , chantez tour à tour
Le vin & la bonne chere ;
Moi , je ne chante qu'Amour ,
Et mes feux , & ma Bergere.
Il n'est de plaisir parfait
Que ceux qu'on goûte à Cythere ,
Il n'est de plaisir parfait
Que celui que l'Amour fait.

L'Amour bannit le chagrin ,
L'Amour bannit les allarmes ;
En sent-on , lorsque sa main
Veut bien essuyer nos larmes ?
Il n'est de plaisir parfait
Sans l'Amour & sans ses charmes.
Il n'est , &c.

Est-il de son plus touchant
Que la voix d'une Maitresse ?
Est-il rien de plus charmant
Qu'un regard plein de tendresse ?
Il n'est de plaisir parfait
Que celui qui m'intéresse.
Il n'est , &c.

Le don d'une simple fleur
Prend une forme nouvelle ,
Dès qu'elle est une faveur
Que nous accorde une Belle.
Il n'est de plaisir parfait
Sans une ardeur éternelle.
Il n'est, &c.

✳

C'est jouir du fort des Dieux
Que rendre heureux ce qu'on aime.
Prévenir ses moindres vœux ,
C'est la volupté suprème.
Il n'est de plaisir pariait
Sans une tendresse extrême.
Il n'est, &c.

✳

Dieux ! quels transports ravissants !
Quand l'Amour paye une flamme ,
Est-ce assez de tous nos sens ?
Avons-nous assez d'une ame ?
Il n'est de plaisir parfait
Que pour un cœur qui s'enflamme ;
Il n'est de plaisir parfait
Que celui que l'Amour fait.

AUTRE

AUTRE.

Air : *Mi , mi , fa , re , mi.*

CHERS amis , vive la table ;
C'eſt l'inſtant fait pour les cœurs.
Tout y plaît , tout eſt aimable :
C'eſt-là qu'on dit mieux qu'ailleurs ;
    Mi , mi , fa , ré , mi ,
    Chantez mon petit ,
    Mi , mi , fa , ré , ſol ,
    Comme un Roſſignol.

C'eſt à table que l'on brille ;
Les Plaiſirs y ſont en train.
Le feu du vin qui pétille ,
Met dans nos yeux ce refrain ;
    Mi , mi , &c.

L'Amour y rend indiſcrette
Climene qui s'attendrit ;
Son amant, ſous ſa ſerviette,
En ſecret alors redit :
    Mi , mi , &c.

II. Part.   E

Vîte , verfe-moi rafade :
Faut-il te le répéter ?
Et pour toi , mon camarade ,
C'eft à ton tour à chanter :
    Mi , mi , fa , ré , mi ;
    Chante , mon petit ,
    Mi , mi , fa , ré , fol ,
    Comme un Roffignol.

A U T R E.

Air :

ADieu cette franchife auftere ,
Cet air uni , ce caractere
Tranfmis par nos ayeux Gaulois ;
A préfent , graces à la mode ,
Dans nos cercles les plus bourgeois ,
On ne rencontre que Pagode.
    Tout eft Chinois ,
    Airs & minois ;
    Tout eft Chinois.

Plus cardé qu'une vieille Actrice ,
Quel eft ce moderne Narciffe ?

C'eſt un Abbé que j'apperçois :
Il parle d'un ton de malice,
Marche par meſure & par poids,
Et ne regarde qu'en coulice.
    Tout eſt, &c.

✳

De blanc & de rouge jaſpée,
Iris de magots occupée
Semble en parlant plaindre ſa voix,
Dans ſa marche toute éclopée,
Sa mule lui briſe les doigts,
Pour montrer un pied de poupée.
    Tout eſt, &c.

✳

Un voyageur dit qu'à la Chine,
Sans l'eſprit & ſans la doctrine,
On ne peut monter aux emplois ;
En vain on y cite ſa race.
En France, exceptez en ces loix
Dans quelqu'un de nos gens en place ?
    Tout eſt, &c.

✳

Du bon goût ſe croyant l'arbitre,
Certain Auteur de ſon pupitre
Fait éclore un Roman Anglois :
Il met Chapitre ſur Chapitre.

Enfin le Lecteur aux abois
Voit, mais trop tard, que, hors le titre,
    Tout eſt Chinois,
    Mœurs & patois ;
    Tout eſt Chinois.

Paitri de fineſſe & d'Aſtuce,
Certain Caffard ſous ſon capuce,
Chez quelqu'un entre en tapinois.
Grave, fourbe, & le cœur de bronze,
Dans ſa conduite, le matois
N'eſt en rien different d'un Bonze :
    Tout eſt Chinois,
    Airs & minois ;
    Tout eſt Chinois.

Voyez ce vieux faiſeur de cures,
Ordonner des drogues obſcures,
Qu'il cache encor par ſon patois.
Pour en rachever la peinture,
Il ne manque à cet Iroquois,
Qu'un Palanquin pour ſa voiture.
    Tout eſt Chinois,
    Airs & minois,
    Tout eſt Chinois.

AUTRE.

LE RETIT MÉNAGE.

Air : *La fanfare de Saint Cloud.*

LA fortune & ses largesses
N'excitent point mes desirs ;
A la place des richesses
J'en ai reçu des plaisirs.
Plaisir vraiment délectable,
Et plus précieux que l'or !
Ma compagne est agréable ;
Oui , ma femme est un thrésor.

Nous vivons assez à l'aise
Dans un petit cabinet ;
Car nous n'avons qu'une chaise ;
Près du lit un tabouret ;
Mais dans ce lieu délectable
Que sa présence embellit,
L'appétit nous met à table ,
Et l'Amour nous met au lit.

Nos repas sont peu superbes ,
Tout est si cher à présent !

E iij

Mais ma femme avec des herbes
Sçait me renvoyer content ;
Chaque morceau qu'elle touche
Prend d'elle tant de faveur,
Qu'il semble fait pour ma bouche
Encor moins que pour mon cœur.

Ma femme toujours opine
Pour ménager quelques sols.
Nous ne buvons que chopine
Chaque repas entre nous :
Mais quoique vin de taverne
Et souvent au bas percé,
Il vaut mieux que du Falerne,
Quand par elle il est versé.

Qu'un Commis s'habille en Prince,
Il ne me fait pas la loi.
Un Bourgeois seroit bien mince,
S'il n'étoit mieux mis que moi :
Mais mes chemises font faites
Par ma femme, & de son lin,
Et mon col & mes manchettes
Furent cousus de sa main.

Nous avons bien de la peine ,
Nous la prenons fans regret ;
Car le poids de notre chaîne
S'allége par fon objet.
Dans nos travaux même zéle
Nous foutient & nous conduit ;
Quand mon cœur dit : c'eft pour elle ;
Le fien répond : c'eft pour lui.

AUTRE.

Air : *Quel myftere !*

OUI, je t'aime ,
Je préfererois tes appas
A Vénus même :
Oui , je t'aime....
Monfieur , je ne vous comprends pas.
Depuis deux ans
Je guette les inftans
Où je puis d'une ardeur extrême
Te faire mille ferments.
Ah ! friponne , tu m'entends.
Oui , je t'aime , &c.

Prends ce nœud, ce coulant ;
Mets à ton doigt ce brillant.
Puis-je d'un moindre prix
De toi payer ce souris ?
Que dirois-tu, Doris,
 Si sur ce tapis
Je mettois cent louis ? ....
 Oui,
Je commence à comprendre ;
Vous m'aimez, cet aveu si doux
 Se fait entendre :
 L'on est tendre ;
Mais, Monsieur, que ne parliez vous ?

AUTRE.

Air : De la Pastorale d'Alcimadouro.

Voyez la jeune Abeille,
Elle aime les vallons.
Sur la rose vermeille
Volent les papillons.
Souvent une onde claire
Arrose un beau séjour.
Non, n'allez point à Cythere
Chercher le Dieu d'Amour ;
Il suit par-tout ma Bergere
Ce Dieu lui fait sa cour.

Toujours près de ses charmes
Il la suit sous l'ormeau :
Elle garde ses armes ,
Il veille à son troupeau.
Là , d'une aîle légere ,
Il voltige à l'entour.
Non , n'allez , &c.

E v

A l'inftant qu'elle ordonne,
Il vole avec ardeur.
L'ordre qu'elle lui donne
Lui femble une faveur.
Ce maître de la terre
Obéit à fon tour.
Non, n'allez, &c.

Quel eft donc le falaire
De ce galant Berger ?
Un coup d'œil moins févere,
Quelque fouris léger.
Mais quoiqu'il puiffe faire,
Il l'aimera toujours.
Non, n'allez point à Cythere
Chercher le Dieu d'Amour ;
Il fuit par-tout ma Bergere :
Ce Dieu lui fait fa cour.

AUTRE.

Air : *Vous êtes irrité.*

POUR qui me prenez vous ?
Oh ! pour le coup,
Redoutez ma colere ;
Mais voyez cet infolent
Qui penfe qu'un galant
Peut me fatisfaire !
Ce franc téméraire
Croit avoir affaire
Aux femmes d'à préfent.
Mon époux, quoique vieux,
Et gouteux,
M'eft feul agréable.
Mon cœur, pour lui conftant,
L'aime autant
Qu'un jeune homme aimable,
Dont la vive ardeur,
N'eft qu'un feu trompeur,
Qu'un feul inftant peut éteindre,
Et qui prompt à feindre,
Doit nous faire craindre
Mépris ou froideur.

Sur ce ton févere,
Aminte, d'un air auftere ;
Répondoit à Licidas ,
Qui fou de fes appas ,
S'efforçoit de lui plaire:
Cet amant fincere
Employoit larmes & priere ;
Pour tâcher de faire
Son époux confrere
Du Dieu forgeron ;
Mais le vieux Barbon ,
D'un lieu voifin de ce myftere ;
Loin d'être en colere ,
Rioit de l'affaire ,
Et difoit tout bas:
Pauvre Licidas ,
Va, tu perds tes pas ,
Car mon époufe ne t'écoute pas:
Pourfuis ce langage ,
Et ce vain hommage ;
Pour moi je m'en vas.

Sois fans crainte ,
Dit alors Aminte ,
Car mon jaloux écoutoit
Ton amour indifcret.

Sois sans crainte ,
Dit alors Aminte ,
Et venge-toi dans mes bras ,
De l'embarras
Que donne un tel cas.
Licidas à ces mots qu'il avoit peine à croire,
Goûta bientôt tous les plaisirs de la victoire.
Mille flammes
Unissent leurs ames ,
Et quand l'Amour satisfait
Se reposoit ,
Elle répétoit :
Sois sans crainte ,
Bannissons la feinte ,
Et venge-toi dans mes bras
De l'embarras
Qu'exige un tel cas.

AUTRE.

Air : *Babet , que t'es gentille ?*

JE hais tout ornement
Que demande la rime.
Je pense simplement ,
Simplement je m'exprime ;
   Et je chéris tant
   Un discours bien franc ,
Que , fût-ce Vénus même ,
S'il falloit par un compliment
Lui prouver mon tendre tourment ;
Je lui dirois tout uniment :
Tenez , c'est vous que j'aime ;
Tenez , c'est vous que j'aime.

L'IMPROMPTU

DE

THALIE,

OU

LA LUNETTE DE VÉRITÉ;

COMÉDIE.

ACTEURS.

THALIE.

MERCURE.

UN PROCUREUR, ET SA FEMME.

UN FAT.

SON VALET.

ERASTE.

DAMON.

COLETTE.

COLIN.

MATHURIN.

L'IMPROMPTU
DE
THALIE,
OU
LA LUNETTE DE VÉRITÉ.

SCENE PREMIERE.

MERCURE ET THALIE.

MERCURE.

C'Est dans ces lieux, ô coupable Thalie
Que Jupiter vient de vous reléguer.
Mais que pouvez-vous alléguer
Pour excuser la bisarre folie,

Qui des Cieux à l'inftant vous a fait exiler ?
Car de quel autre nom pourrois-je l'appeller ?

THALIE.

Quoi ! pour un mot, une plaifanterie ,
Qui m'eft, fans le vouloir, échappée en paffant !
Eft-ce un crime après tout, & fi noir & fi grand,
Pour que des Cieux ...

MERCURE.

Ah ! Thalie ! Ah ! Thalie !
C'eft un métier bien dangereux
Que celui des bons mots & de la répartie ;
Et ne s'en tire pas qui veut.
Un mot échappe, une faillie ,
Qui part comme un éclair : la troupe des rieurs
Exalte le bon mot , fruit de l'étourderie :
De bouche en bouche il vole , & jamais ironie
N'a paru fans admirateurs.
Mais dans les Cieux , ainfi qu'ailleurs ,
On applaudit la raillerie ,
Et l'on abhorre les railleurs.

THALIE.

En critiquant, fuis-je hors de ma place ?
C'eft mon talent , c'eft un droit qu'au Parnaffe
Mes fœurs ont mis en mon pouvoir :
Pourquoi donc me punir d'avoir fait mon devoir ?

M E R C U R E.

Vous l'étendez ce droit plus qu'il n'eſt légitime.
La Critique toujours fut de votre reſſort :
Mais ſa borne eſt marquée ; & ſitôt qu'elle en ſort
    Sa licence devient un crime ,
Qu'accompagne toujours la crainte , ou le remord.

T H A L I E.

  Mais dans ces lieux , hélas ! que vais-je faire ?
    Neptune & le blond Apollon ,
Des Cieux , ainſi que moi , relégués ſur la Terre ,
Du métier de Berger , de celui de Maçon ,
Se firent un manteau pour couvrir leur miſere.
    Mais moi , malheureuſe étrangere ,
  Je vais y périr.

M E R C U R E.

    ·Je vous plains.
    Vous entendez la Comédie ,
    Vous poſſedez la Poëſie ,
    Tous talents pour mourir de faim.
    Des Vers l'élégante harmonie
N'affranchit point ici des ſoins du lendemain.
    Un vil mortel , du ſecours de ſa main ,
Pourroit plutôt que vous y vivre avec aiſance ,
    Et dans ſa modique dépenſe ,
    Chaque jour ſuffit à ſon pain.

Que votre sœur qui préside à la danse ,
N'est-elle à votre place ? A l'instant l'opulence
Viendroit lui présenter les plaisirs d'ici bas :
Bientôt tous les mortels attachés sur ses pas ,
De leurs biens, de leurs cœurs, lui présentant l'hommage,
Ne croiroient pas payer , je gage,
Le moindre de ses entrechats.
Et même si les Dieux plus doux dans leur colere
Vous laissoient ce génie heureux ,
Dont vous sçutes doter les Renard , les Moliere,
Peut-être avec le temps votre sort rigoureux
Pourroit briser la trop forte barriere
Que Plutus met entre vous deux.
Mais privé de Nectar , & sevré d'Ambroisie ,
Votre génie en léthargie ,
Voulant par un goût neuf se singulariser ,
Pour divertir , viendra moraliser.
Eh ! ne sentez-vous pas vous-même
Que votre esprit ne s'est trouvé jamais
Dans la détresse & la foiblesse extrême ,
Dont en ce jour il éprouve l'accès ?

THALIE.

Je ne le sens que trop, & je suis sans réplique.

MERCURE.

Encor si vous étiez Muse de la Musique,

T H A L I E.

Pourquoi prolonger mon tourment?
C'eſt un conſeil en ce moment
Que j'exige, Seigneur Mercure:
Oui, puiſqu'il faut ſubir ma cruelle aventure;
Répondez donc ſelon mon gré;
N'employez ni diſcours, ni détours, ni myſtere,
Dites-moi ce que je ferai,
Et non ce que j'aurois pû faire.

M E R C U R E.

Puiſque vous voici ſur la Terre,
L'uſage d'ici-bas doit vous juſtifier;
Je prendrois mon parti ſans faire la ſévere,
Et ſuivant de l'Hymen le flambeau ſalutaire,
Je chercherois à me lier
A quelque avare octogénaire,
Qui par pitié pour vous voudroit ſe marier.
Dans les Cieux on rira de cet hymen profane,
Nous dirons des bons mots ſur la punition:
Mais que feroit-ce donc ſi vous étiez Diane
De quelque jeune Endymion?
Ne vous mettez point en colere:
A la Déeſſe de Cythere
Je ne donnerois pas de plus ſages avis,
Et je ſuis ſûr qu'ils ſeroient bien ſuivis.

THALIE.

Vous me faites sentir un peu cruellement
Le malheur qui m'accable, & je ne sçais comment...

MERCURE.

Quoi ! pour un mot, une plaisanterie
Qui m'est, sans le vouloir, échappée en passant ;
Est-ce un crime ?

THALIE.

Ah ! ceci passe la raillerie ;
Vous me poussez jusqu'à l'excès.

MERCURE.

Ah ! Déesse, point de procès ;
Ou dans cet excès-là, reconnoissez les vôtres.
Sur vous-même essayez la pointe de ces traits,
Que sans pitié vous lancez sur les autres.
Vous devez savoir excuser,
Puisque vous avez l'art de savoir offenser.
Mais trêve enfin de badinage,
Voici votre ressource, & voici son usage.
Ce n'est pas tout, le Seigneur Jupiter,
Qui par bonté veut bien vous en doter,
A cette magique Lunette,
A sçu donner, a sçu communiquer
Une vertu rare autant que secrette,
Que je m'en vais vous expliquer.

Une Lunette à l'ordinaire
Fait voir les objets , les éclaire,
Et rapproche l'extérieur ;
Et celle-ci fait lire à fond l'intérieur ,
Dévoile les reflorts qui font agir les ames ,
Fouille dans les replis du cœur ,
Et nous rend clairs aux yeux , même les cœurs des
femmes.
Permettez que le vôtre ici me foit connu.
Oui ... bon ... je lis quelque grain de malice ,
Un grand penchant pour critiquer le vice ,
Et l'ardeur la plus vive à louer la vertu.
Soyez de ce fecret feule dépofitaire.
Qui jouit d'un don rare eft bientôt enrichi.
Et moi je vais publier fur la Terre ,
Que qui veut fe fçavoir , peut s'adrefler ici.

SCENE II.

THALIE.

LE joli fecret que voici !
Et qu'à la Cour des Rois il feroit néceffaire ;
Pour bien connoître à fond tous ces gens à myftere,
Ces mines à contorfions ,
Ces grands faifeurs de proteftations ,
Qui fe jurant entr'eux une amitié fincere ,

Ne diroient que trop vrai s'ils juroient le contraire !
Que j'y verrois de gens prompts à se carreſſer,
Qui voudroient s'étouffer au lieu de s'embraſſer !
Mais je crois que, malgré le ſoin qui les occupe,
Aucun ſur ce point-là de l'autre n'eſt la dupe.
Pour me donner d'avance un plaiſir non commun,
J'aurois un grand deſir de regarder quelqu'un.
Mais quel eſt ce Vieillard qui vers moi s'achemine ?

    A ſes regards, à ſon geſte, à ſa mine,
J'ai ſujet de le croire un de nos curieux.

SCENE III.
THALIE, UN VIEILLARD

LE VIEILLARD.

C'Est, je crois, Madame, en ces lieux,
Qu'on montre certaine Lunette.

THALIE.

Oui, Monſieur, ſa vertu parfaite
Vous ſurprendra ſans doute ; il ne faut point d'argent,
Si vous ne ſortez pas content.
Mais quel uſage en prétendez-vous faire ?

LE VIEILLARD.

Je vais vous le dire. Écoutez.

Depui

Depuis quinze ans je fuis fexagénaire,
Et depuis trente bien comptés,
Foulant aux pieds richeffes, dignités,
Et méprifant la route du Vulgaire,
J'ai voulu m'élever aux grandes vérités.
Pour m'appliquer à cet ouvrage,
Dans le fond d'un grenier, dans un feptiéme étage,
Je vis en paix comme dans un tombeau,
Et hors mon bâton, mon manteau,
Un compas, des livres, ma fphere,
Je ne poffede rien des chofes de la Terre.
Nuit & jour j'obferve les Cieux;
Ces aftres, ce foleil qui roule fur nos têtes,
Occupent jour & nuit mon efprit & mes yeux;
Et mon travail n'eft point infructueux;
Car j'ai prédit dès fept cent trente,
Notre hyver de fept cent quarante,
Et ce mois-ci très-pluvieux.
Or hier, à minuit, je plaçai la lunette:
Tout, jufqu'à la moindre planette,
Adhérent à fon tourbillon,
Faifoit exactement fa gravitation.
L'attention dut être fatisfaite:
Mais je vis, remarquez mes obfervations,
Que Saturne arrêta fes opérations,
Un inftant feulement, peut-être une feconde:
Mais de ce retard-là, la machine du Monde

II. Part.   F

Doit reſſentir quelque commotion.
Quoique, ſur mes calculs, toute déciſion
    Doive être certaine & très-nette,
    Souvent je procede à tâton
Parmi tous ces grands corps, & par votre Lunette
Je voudrois....

THALIE.

    Non, Monſieur, elle ne fut pas faite
    Pour le but que vous ſouhaitez ;
    Et ſa vertu que rien n'égale,
    En enſeignant d'utiles vérités ,
    Ne peut ſervir qu'à la morale.

LE VIEILLARD.

Et c'eſt-à-dire , à rien.

THALIE.

        A rien ? Vous plaiſantez.
    Si l'homme eſt dans la nature
    La plus parfaite créature ,
    Et l'être le plus accompli
Que le Ciel ait créé par ſa ſageſſe extrême :
    Qu'eſt-il de plus digne de lui ,
    Que la ſcience de lui-même ?
Que vous ſert de connoître aſtres , & firmament ,
    Et leurs cours , & ſon mouvement ,
Et tout ce que la nature commune
    Régit hors de notre horiſon ?

Sans obferver les éclipfes de Lune,
Sçachez celles de la raifon.
Vous êtes dans un âge où l'ardeur indifcrette
De la jeuneffe, & de fes paffions,
N'obfcurcit point, pour ces attentions,
Les verres de votre Lunette :
Suivez votre efprit pas à pas.

LE VIEILLARD.

Des paffions, je n'en ai pas.
Jamais la colere farouche,
Ne m'a fait fortir de la bouche
Des mots remplis d'emportement ;
Et l'avarice affurément
N'a jamais eu fur moi la plus foible influence :
Car de rien n'ayant joüiffance,
Sans argument, vous concevez fort bien
Qu'on n'eft point avare de rien.
Jaloufie, envie, haine, & tous les autres vices,
Des projets des humains, prefque toujours complices.,
Ne peuvent rien fur mon cœur : & pourquoi
Prendre garde à des précipices,
Où ne fçauroit tomber un fage tel que moi ?

THALIE.

Le plus fage fouvent eft celui qui l'ignore.
Vous l'êtes, je le veux, mais croyez-vous encore
L'être toûjours ? Eft-on fûr de cela ?

Ce fage, qui pouffé d'une ardeur chimérique,
Au travers des brafiers que renferme l'Ethna,
Dans un inftant climatérique,
Follement fe précipita ;
Ce fage fut fenfé jufqu'à cet inftant-là.
Aux ames les plus héroïques
Leur propre chute apprend qu'il eft des jours uniques,
Où loin de foi notre efprit entraîné,
De fes écarts lui-même eft étonné.
C'eft un rofeau que la fageffe,
Qui, fait pour nous aider, & non pour nous porter,
Peut percer la main qui le preffe,
Et hâter notre chûte au lieu de l'arrêter ,
Lorfque par une folle yvreffe
Sur fon fecours on veut trop s'appuyer.
Ufons donc du rofeau fans le faire ployer.
Minerve aux orgueilleux refufe fon Egide,
Et protectrice du timide ,
Le fuperbe toujours en eft abandonné ;
Et reffouvenez-vous, fage trop fortuné ,
Que contre le cœur qui fommeille,
Il n'eft point de prefcription ;
C'eft à l'inftant de la préfomption
Où la vertu s'endort, que l'homme fe réveille.

LE VIEILLARD.

Mais vos confeils ont de quoi m'étonner !
Une femme à préfent qui voudroit m'enfeigner

Ce qu'il faudra que j'approuve ou condamne !

THALIE.

Écoutez la leçon sans regarder l'organe ;
Ce n'est point à préfent que je veux difputer,
Si mon fexe fur vous a droit de l'emporter.
Ma douceur cependant eft une leçon fure,
Que quelquefois il fçait méprifer une injure ;
Mais pour fçavoir combien je dois vous eftimer,
      Permettez-moi de m'informer
Si dans tous vos difcours vous êtes bien fincere ;
     Un feul regard éclaircira l'affaire.
Du caprice beaucoup, l'humeur atrabilaire ;
    Mais ... non ... oui, la chofe eft très-claire :
Quoi ! fille de feize ans occupe votre cœur !
     Vous fentez pour elle une ardeur
Indigne d'un vieillard, & vieillard Philofophe.
    Comment faut-il que je vous apoftrophe ?
      Quoi donc ! ce n'étoit pas affez
      Que vos efprits fuffent ufés !
La prudence chez vous à l'amour a fait place ;
     Et malgré vos fens émouffés,
Votre cœur eft de feu, quand le corps eft de glace !
Les hommes les plus vieux, ne font pas les moins fous.

LE VIEILLARD.

Pefte de la babillarde ;
Je le fçavois mieux que vous ;

Vous n'êtes qu'une bavarde,
Et cet amour me regarde,
Et ne regarde que nous :
Adieu.

THALIE.

La colere farouche
N'a jamais fait de votre bouche
Sortir le moindre emportement ?
La modération me plaît affurément.

SCENE IV.

THALIE, UN PROCUREUR ET SA FEMME.

LA PROCUREUSE.

AH ! mon cœur ! ah ! je fuis faifie !
Non , jamais je n'eus de ma vie
De frayeur fujet auffi grand :
Je n'ai jamais fenti de fi cruelles peines ,
Et fi lon me tiroit du fang ,
On n'en trouveroit pas la goutte dans mes veines.

THALIE.

Eh ! quel eft le fujet qui vous agite ainfi ?

LA PROCUREUSE.

A votre porte, hélas ! mon cher ami
Vient de faire un faux pas.

THALIE.

Quel ami ?

LA PROCUREUSE.

Mon mari.

THALIE.

Vous faites bien de me le dire ,
Car je ne l'eusse pas pensé.

LA PROCUREUSE.

Dans le cœur on ne peut pas lire.

LE PROCUREUR.

Ma poule , ce n'est rien , le pied m'avoit glissé.
Madame , votre esprit paroît embarrassé
De voir un si bel assemblage :
Aussi cette union dans notre mariage
Me fait regarder dans Paris ,
Comme le mieux pourvu de Messieurs les Maris :
Car dans nos cœurs , chose assez difficile ,
L'Amour a pour toujous élu son domicile.

THALIE.

Monsieur est Procureur ?

F iv

LE PROCUREUR.

Oui , Madame.

THALIE.

Et de moi
Que voulez-vous ?

LE PROCUREUR.

En bonne foi
Vous allez rire : mais c'est elle , je vous jure ,
Qui veut sçavoir de vous notre bonne aventure ,
Et vous serez satisfaite de nous.

THALIE.

Allez , Monsieur , on s'est moqué de vous ,
On vous a débité des songes
Pour abuser votre crédulité ;
Je ne m'occupe point à dire des mensonges ,
Je ne dis que la vérité ,
Et je n'exerce ma science
Qu'à dévoiler ce que l'on pense ,
A démasquer le cœur le plus caché :
Vous pouvez l'éprouver , & j'en fais bon marché.

LE PROCUREUR.

Quoi ' je verrois dans tout son jour
Le fond du cœur de mon épouse ;
Sa tendresse souvent jalouse ,
Et sa sagesse , & son amour !

LA PROCUREUSE.

Mon cher ami , c'eſt une fable :
On me verroit moi , moi ! Cela n'eſt pas croyable.

THALIE.

Eſſayez-le , regardez un moment ,
Prenez cette Lunette ; au moyen de ces verres
  Vous acquierrez des lumieres
  Qui vous convaincront ſûrement.
Que liſez-vous ici diſtinctement ,
  En très-liſibles caracteres ?

LE PROCUREUR.

J'aime Eraſte & Damon très-paſſionnément....
 Ce ſont mes Clercs.

LA PROCUREUSE.
O Ciel !

LE PROCUREUR.
Que j'étois bête

De faire ſur ce point une ſi folle enquête !
Eh ! quoi ! ce grand amour , ces dehors careſſants....
Les cornes malgré moi m'en montent à la tête ;
Je ne ſçais où j'en ſuis. Ce ſont là de tes tours ,
Et ce que machinoient tes grands airs de tendreſſe !
Plus perfide qu'un chat , qui d'une humeur traîtreſſe
 Vous fait la patte de velours ;
F v

Mais la griffe est dessous : c'est ton portrait, coquette
Que je fais.

THALIE.

Vengez-vous, & voyez.

LA PROCUREUSE.

Grand merci
Pour voir les défauts d'un mari,
L'on n'a pas besoin de Lunette.

LE PROCUREUR.

Ah ! plus cruellement peut-on être éclairci ?
Je ne veux plus de Clercs, & je vais aujourd'hui
Mettre hors de chez moi cette troupe volage,
Quand je devrois crever sous le poids de l'ouvrage :
Ou bien je les prendrai si cassés, si cassés,
    Que.... Bon soir, j'en sçais bien assez.
Un Procureur recevoir cet outrage !

THALIE.

Mais qui de vous deux me paîra ?

LE PROCUREUR.

Faites-nous assigner, & l'on vous répondra.

THALIE.

Mais moi, je ne sçais pas l'usage.

LE PROCUREUR.
Appprenez-le.

THALIE.

Oh ! quel furibond !

Seule.

Mercure s'est trompé dans ses belles promesses ;
Ou bien s'est moqué tout de bon :
Si c'est ce chemin-ci qui conduit aux richesses,
Il me paroît que c'est par le plus long.
Où sont donc ces grandes largesses ?
On n'est pas libéral quand on est offensé.

SCENE V.

THALIE, UN FAT ET SON VALET.

LE FAT.

JE ne sçais si ces gens m'auront bien adressé.
Visite de ma part peut-être vous étonne ;
Remettez-vous, je viens ici, ma bonne,
Pour certaine Lunette : Eh ! oui, c'est celle-ci ;
Je voudrois être un peu sûr un point éclairci.
Vous connoissez à fond ce que l'on pense ;
Je parle : écoutez-moi, la chose est d'importance.
Depuis que dans le monde avec certain éclat,
J'ai pris d'homme charmant la figure & l'état ;

Vingt femmes auſſi-tôt à mes airs, à mes charmes,
En dépit des maris ont ſçu rendre les armes ;
Et dérogeant aux droits que donne la beauté,
Ont devant leur vainqueur dépoſé leur fierté.
A ma toilette, hier, comptant avec moi-même ;
Je me diſois : Fripon, qu'eſt-ce que ton cœur aime ?
De ces femmes, dis-moi, ſoumiſes à tes loix,
Sur laquelle veux-tu laiſſer tomber ton choix ?
Je ne pus décider. Si préférant Cephiſe,
Je me rememorois Climene, la Marquiſe :
Je leur donnois la pomme, & toutes ces Vénus
Ne purent point fixer mes ſens irréſolus.
    Et j'y ſerois encor, ſi la Ducheſſe
Introduite chez moi par force, ou par adreſſe ;
Malgré les rendez-vous où j'étois réſervé,
Dans ſon caroſſe enfin ne m'avoit enlevé.
Or, faites à préſent ce que je n'oſai faire ;
    Voyez, & dites ſans myſtere
Qui j'adore, & laquelle au pouvoir de ſes coups....

THALIE.

Monſieur, dans votre cœur je ne vois rien que vous
Pour toutes paſſions : vous-même êtes les vôtres.

LE FAT.

Vous me verriez dans le cœur de bien d'autres.

Mais voyez ; si l'Objet dont l'Amour me surprit
N'habite pas mon cœur, il est dans mon esprit.

THALIE.

L'examen est facile à faire ;
J'y lis deux étuis d'or , plus une tabatiere ;
Un riche nœud d'épée , un rubis bien monté ;
Et le dernier cheval par vous-même acheté.

LE FAT.

Pour elles c'est piquant ; ces femmes amoureuses ;
Si l'on le leur disoit , en seroient furieuses.
(A son Valet.)
Donnez-lui ce qu'il faut.

SCENE VI.
THALIE, ET LE VALET.

LE VALET.

C'Est bien fait , entre nous :
Mon Maître méritoit cette leçon de vous :
Souvent une leçon corrige.

THALIE.

Ah ! s'il se corrigeoit, ce seroit un prodige ;

LE VALET.

Mais si Monsieur venoit à vous pour emprunter
Cette Lunette-ci, n'allez pas lui prêter.

THALIE.

Pourquoi ?

LA VALET.

Comment pourquoi ! c'est que dans son ménage,
Ce maudit instrument feroit un beau tapage ;
Je suis persuadé que dans trois jours chez nous,
Il mettroit son hôtel tout sans dessus dessous ;
D'un coup d'œil il verroit dans notre homme d'affaires,
Des pots de vin obscurs, des recettes peu claires.
Dans le maître d'hôtel, pour souverain péché,
Un penchant équivoque à courir au marché.
Dans le cuisinier, conscience aussi saine ;
Dans le cœur des laquais, du mépris, de la haine ;
Dans celui du cocher, de l'avoine & du foin ;
Et jusqu'au marmiton, du lard pris sans témoin.

THALIE.

Et dans le vôtre ?

LE VALET.

Moi ? Moi je pourrois peut-être
Comme valet de chambre, aller par la fenêtre ;
Et cependant il n'est gueres qu'un cas

Qui pourroit me jetter dans certain embarras ;
Puifque vous voyez tout , autant vaut vous le dire :
A nombre de Beautés , mon Maître donne , infpire
De l'amour tant qu'il veut , il l'a dit à l'inftant ;
Femme de Confeiller , femme de Préfident ,
De Comte , de Marquis , jufques à des Ducheffes.
　　　Mais il n'a pas affez de leurs tendreffes :
Pour fe donner un air , dans le fond du Marais ,
Dans certaine maifon , dont il fait tous les frais ;
A fes ordres il a fous la clé du myftere ,
Certain jeune tendron native de Cithere.
Comme il eft excellent à fuivre en fait d'amours ,
Il y paffe les nuits ; moi j'y paffe les jours.
Au fortir de fes mains , pour me payer mes peines ,
L'argent qu'il y dépenfe y vole dans les miennes ;
Et ce que donne enfin ce tendron gracieux ,
A lui pour fon argent , je l'ai pour mes beaux yeux :
　　　Elle le dit , je peux l'en croire ;
Car pourquoi me mentir , n'ayant rien à donner ?
Mon Maître pourroit bien, pour ce fot point de gloire ,
Se fâcher ; mais toûjours j'eus de quoi m'étonner ,
　　Sur les plaifirs que je fçais moiffonner.
　　　Lorfque j'employe mon adreffe
　　A paffer bail du cœur d'une maitreffe ;
Soit de Life en grifette , ou d'Iris en damas ,
　　　J'arrange fi bien ma recette ,

Que j'ai toujours dans cette emplette,
Un pot de vin fur les appas.
Sur ce fujet voici mon embarras :
Pourquoi ces gros Meffieurs, dont l'opulence extrême
Peut engloutir dignités, gloire, honneurs,
Malgré leurs foins, ne peuvent pas de même,
Sans partage acquérir des cœurs.

THALIE.

Pour vous réfoudre ce problême ;
Apprenez une hiftoire inconnue en ces lieux.
Lorfque le fouverain des Dieux
Voulut de Danaé furprendre la tendreffe,
Plutus, fils du Deftin, & Dieu de la richeffe,
Se chargea feul du foin myftérieux,
De vaincre les efforts d'un pere furieux,
De préparer le cœur de fa maitreffe,
De tromper fes argus, ou d'éblouir leurs yeux.
Au vif éclat du métal précieux,
Du Palais les portes s'ouvrirent,
Les cœurs des gardes s'attendrirent ;
Celui de Danaé, peut-être auffi payé,
Se foumit à fon tour à ce pouvoir fuprême ;
Et je crois, s'il l'eût effayé,
Que ce charme auroit pu gagner le pere même.
L'Amour inftruit de ces exploits,
Fut irrité de voir foumis par d'autres loix

Un cœur qu'il réfervoit à celles de Cythere ;
A Plutus dès l'inftant il déclara la guerre.
 Rien, je crois, ne peut exprimer
De l'Amour outragé la colere implacable ,
 Et fi Plutus pouvoit aimer ,
 Qu'il l'auroit rendu miférable !
Par-tout depuis ce temps , il le chaffe , il l'accable
 Des reproches les plus piquants ,
Et jamais il ne prend un vifage agréable ,
Qu'afin de lui jouer les tours les plus fanglants.
Le temps ne peut calmer fes tranfports violents :
Tout ami de Plutus a le même falaire
De celle qu'il chérit , fût-ce d'une bergere.
Il n'a jamais le cœur , & toujours des rivaux ;
Et de l'Amour , l'Hymen éprouve la colere ,
Quand Plutus de l'Hymen allume les flambeaux.

LE VALET.

Ma foi, je fuis charmé du peu d'intelligence ;
Car ce Plutus pour moi jamais n'eut de pitié ,
 Et quand l'Amour voudra , dans fa vengeance
 Je ferai toujours de moitié.

THALIE.

Sans doute auffi vous aurez l'indulgence
De m'avouer fi cette connoiffance
De vos plaifirs libres , & clandeftins

Eſt le ſeul cas. . . .

LE VALET.

Ce n'eſt pas tout , je crains
Pour autre choſe encore une autre manigance ;
Mais ſur ce point je garde le ſilence.

THALIE.

Sur ce point cependant contentez mon eſprit.

LE VALET.

Je ne le peux , trop parler nuit.

THALIE.

Je le vois bien , il faut que je regarde.

LE VALET.

Je m'en vais fuir , ou donnez-vous de garde.

THALIE.

La maitreſſe , l'argent , le linge , & les habits
Sont communs entre vous , & Monſieur le Marquis...
Fripon. . . .

LE VALET.

Peſte de la Lunette ,
Que ne peut-elle aller au Diable qui l'a faite.

THALIE *ſeule.*

Il s'enfuit ſans payer ! mais toujours ce talent,
S'il n'eſt pas lucratif, eſt fort divertiſſant,
Cela conſole : mais quelqu'un encor s'avance.

SCENE VII.

THALIE , VALERE , ERASTE.

VALERE

CEst elle , parlons-lui.

ERASTE.

Mais quant à moi , je pense
Que nous sommes fous tous les deux.
Par où peut-elle avoir acquis la connoiſſance. ....

VALERE.

Qu'importe ? écoutons-la.

ERASTE.

Valere , je le veux.

VALERE.

Sauf à n'eſtimer ſes paroles ,
Que comme des contes frivoles ,
Si la Dame vouloit nous payer de diſcours.

ERASTE.

Madame , c'eſt à vous que nous avons recours :
Prêtez-nous , s'il vous plaît , un moment d'audience ;
Car l'affaire , où de vous j'emprunte le ſecours ,

Ne peut se décider que par votre science.
Nous sçavons vos talents , & par toute la France
On doit les admirer , & c'est de bonne foi ;
C'est sur une gageure entre Valere & moi ,
Et qui ne tirera jamais à conséquence.
Nous sortons d'un repas , où malgré les apprêts
   D'une délicate dépense ,
Nos esprits , & nos cœurs ont fait seuls des excès.
Au dessert , dans ce temps d'agréable licence ,
Où Pomone chassant Comus , & les valets ,
De l'aveu de Bacchus , fait sortir le silence ,
La conversation parcourut l'Univers :
   Chacun suivant ses goûts divers ,
Amusa son voisin d'éloges , de critique ,
  De fables , d'histoire , de vers ,
  De morale & de politique ;
  Dans les décisions Bacchus fut de moitié.
L'on parla des amis , & puis de l'amitié ,
Chacun sur ce sujet en compta des plus belles ;
On dit qu'il n'est plus de modeles
  De ces amis du temps passé ;
Que le souvenir même en étoit effacé ;
Qu'on ne trouveroit pas couple d'amis fideles ;
Même à la Cour : On rit , je nous citai ,
  Valere & moi , pour preuve du contraire ,
  Et je disois la vérité.

De difcours en difcours , cet obftiné Valere
Affura qu'il m'aimoit plus délicatement ,
    Plus furement , plus ardemment
Que mon cœur ne l'aimoit. J'étois d'une colere !
Gageure fur le fait ; mais qui la jugera ?
    Qui ! Qui ? Quelqu'un vous cite fur cela :
Je prends votre demeure, & vous feule , Madame,
    Qui voyez les replis de l'ame ,
Pouvez nous décider qui de nous deux a tort :
    Jugez-nous en dernier reffort.
    Son amitié de la mienne eft rivale ,
    Puiffiez-vous prononcer que la fienne l'égale !
    Entre vos mains je remets les enjeux ;
Mais je défire , hélas ! que nous gagnions tous deux.

T H A L I E.

Eft-ce depuis long-temps qu'une union fi belle
Enchaîne vos deux cœurs ?

V A L E R E.

        Non , c'eft depuis un an :
Terme fi court , fans doute vous furprend ;
Mais je puis affurer fa durée immortelle.

T H A L I E.

Sans doute les liens qui forment ces doux nœuds ,

N'ont de fondement que l'estime,
Que dans deux cœurs d'un naturel heureux,
Profondément la vertu seule imprime ?

VALERE.

La question nous paroîtroit un crime,
Si tous ceux d'aujourd'hui qui semblent s'entr'aimer,
Sur notre compte aussi ne pouvoient alarmer.
Mais que nous sommes loin de toute leur manie !
Au sortir de l'Académie
Je le connus, d'abord je le prévins :
Je l'acostai, je l'entretins,
Je lui trouvai de l'esprit, du génie,
Le bon ton de la compagnie.
Aimez-vous la musique ? Oui... Moi, je l'aime aussi.
Je fais des vers, coussi, coussi.
Bon : nous nous les lirons, car moi je versifie.
Je touche aussi de quelques instrumens.
Et moi de même : & des mêmes instans,
Si nous ne fûmes pas amis par l'habitude,
Nous le fûmes par les talens.
Tous nous unit alors, plaisir, affaire, étude,
Furent mis en commun, mêmes amusemens,
Même tout en un mot : sans quelqu'inquiétude,
De lui je ne peux être absent,
Et je n'ai d'agrément que lorsqu'il est présent.

ans lui, spectacles, jeux, me seroient insipides,
  Et les plaisirs les plus rapides
Ne le sont pas pour moi, sans celui de le voir.
  Avec lui je crois tout savoir,
Il est à ma portée, il connoît, il devine
  Ce que mon esprit imagine ;
Et je vous dirois, moi, ce qu'il ne dit qu'à soi ;
Pour lui le Ciel m'a fait, il étoit fait pour moi.

E R A S T E.

A ce qu'il vous dit là je donne mon suffrage,
  Et je tiendrois les semblables discours :
Oui, s'il falloit mon sang, (ce n'est point un langage ;)
Oui, s'il falloit mon sang pour prolonger ses jours,
A l'instant....

V A L E R E.

J'ai pour lui les semblables retours.

E R A S T E.

  Je n'en veux d'autre témoignage
 Que votre aveu sur ma sincere ardeur ;
  Je m'en rapporte à la valeur
Que vous y donnerez.

T H A L I E.

   Surtout point de colere,
Si mon aveu n'a pas le bonheur de vous plaire.

E R A S T E.

Non certe.

VALERE.

Croyez-vous....

THALIE, *à Eraste.*

Lisons dans votre cœur.

ERASTE.

Vous n'y verrez rien d'imposteur.

THALIE, *à Valere.*

A présent lisons dans le vôtre.
Vous ne vous aimez point, Messieurs, ni l'un ni l'autr

VALERE.

Ah ! ah !

ERASTE.

Le tour est bon !

THALIE.

Vous n'êtes point amis.
Une conformité de goûts , de talens , d'âge ,
Cause l'erreur qui vous engage
A vous croire tous deux unis.
Certaine gloire aussi nourrit votre tendresse ,
Il brille en vous , & vous brillez en lui ,
L'un dans le monde à l'autre sert d'appui.
Tout est transport dans la jeunesse ,
Les moindres passions sont des emportemens ,
Le cœur presque toujours est la dupe des sens.
Un enfant de Bacchus dans l'excès de l'ivresse ,
Malgré ses pas débiles , chancelans ,
Prend souvent pour valeur ses transports violens.

Hélas !

Hélas ! votre erreur eſt la même.
Vous l'aimez, dites-vous, & je ſuis ſûr qu'il m'aime,
Je donnerois mon ſang pour conſerver le ſien.
Belle preuve ! un François ſçait le donner pour rien.

ERASTE.

Ce n'eſt pas là ce qui m'étonne ;
Mais c'eſt notre ſottiſe à vous croire, ma bonne,
Propre à donner des jugemens.
Vous êtes, je le vois, la fleur des charlatans.

VALERE.

Sans doute vous prendrez boutique
Pour débiter tous ces grand mots,
Et vous aurez de la pratique ;
Car un ſi grand ſavoir n'eſt fait que pour les ſots.

THALIE.

Je ne daigne pas vous répondre.

VALERE.

Je le crois.

THALIE.

Cependant j'ai droit de vous confondre.

VALERE.

Nous vous connoiſſons trop, à vos diſcours ruſés :
Vous n'oſez.

Tome II. G

THALIE.

Et c'eft vous qui dites : vous n'ofez ;
Vous dont le cœur, rempli de perfidie,
Brûle des plus coupables feux ,
Et qui, hier encore, à certaine Julie,
Qu'en indifcret, Erafte vous confie ,
Fîtes mille fermens auffi vifs qu'amoureux !
Et le crime eft fouvent heureux.
La perfide Julie a promis d'être tendre ,
Et loin de vous chaffer, vous a permis de prendre
Son Portrait , qu'Erafte en ce jour
Devoit avoir fans vous , fans ce perfide amour ,
Dont votre cœur n'a daigné fe défendre.
Le Portrait eft fur vous , & vous pouvez apprendre
Si je ments.

ERASTE.

Quoi ! Valere !

THALIE.

Et vous, ne parlez pas
Ce petit ouvrage anonyme ,
Que dans la chaleur d'un repas
Vous fîtes pour complaire à la blonde Célime ,
Eft-il un fûr garant de la profonde eftime
Que vous avez pour vos amis ?
Ils ont couru , ces vers ; & Lifandre & Damis

Les ont chantés dans toutes les ruelles.
Voilà, voilà les atteintes cruelles
Que vous portez à ce Valere absent.
Est-ce la mode ici que les amis fideles
Déchirent ceux auxquels ils donneroient leur sang ?

VALERE.

Ciel ! Eraste.

ERASTE.

Valere !

VALERE.

Oui, vous êtes un traître

ERASTE.

Vous ne pourriez pas le connoître,
Si vous-même étiez innocent.

VALERE.

Perfide !

ERASTE.

Sors.

THALIE.

Hélas ! qu'allez-vous faire ?
Quoi ! cet ami, ces jours si précieux !
Ils ne m'écoutent pas, ils sortent de ces lieux.
O Jupiter, dépose ton tonnerre,
Pour punir les humains, tu n'as besoin que d'eux.
Mais voici leurs enjeux. Quelle est cette fillette ?

G ij

SCENE VIII.

THALIE, COLETTE.

COLETTE.

AH ! Madame, bon jour, je m'appelle Colette,
Fille d'un vigneron qu'on nomme Mathurin,
Et j'aurai dix-sept ans le six du mois prochain.

THALIE.

Eh ! bien, que voulez-vous ?

COLETTE.

       Ce matin, du village
Je suis venue ici pour vendre du laitage ;
Et Lucile à l'instant m'a conté qu'il est sûr
Que vous devinez tout, le passé, le futur,
Je voudrois bien sçavoir, non que je sois pressée,
Je voudrois sçavoir quand je dois être épousée,
Les enfans que j'aurai, le nom de mon mari,
Et si je serai bien satisfaite de lui ;
On est trompé si fort à cette marchandise,
Que, si j'ai du souci, l'usage l'autorise :
Dites-le moi, Madame, & je vous payerai.
  Est-ce ma main que je vous montrerai ?

THALIE.

Vous vous trompez, ma poule, & jamais ma science
N'eut de cet art menteur la moindre connoissance.

COLETTE.

Qu'est-ce que vous vendez ?

THALIE.

       Je sçais rendre certain
De ses erreurs, quiconque aime à connoître
Tout ce que dans le cœur les passions font naître,
Vengeance, jalousie, & l'amour clandestin,
Et l'animosité.

COLETTE.

     Je ne hais que Colin.

THALIE.

Que vous a-t-il donc fait ?

COLETTE.

     Rien : c'est ce qui me fâche :
Je n'ai point de raison pour le hair : je tâche
De l'aigrir, l'offenser, le mépriser : mais, quoi !
Il ne m'en veut pas plus, & c'est plus fort que moi.

THALIE.

Il est donc bien affreux ?

COLETTE.

     Point : cela me chagrine ;

C'eſt le plus beau garçon, bien fait, de bonne mine
De beaux grands cheveux noirs, par boucles tout roulés,
Une bouche vermeille, & des yeux éveillés.
Ah ! c'eſt une merveille, & de toute la tête,
Il eſt plus grand que vous, & n'eſt certe pas bête.
Il ſçait écrire, lire, & les ſoirs, ſous l'ormeau,
Fait danſer nos Bergers au ſon du chalumeau.
Un chacun le chérit, le recherche, l'honore;
Je ſuis la ſeule, enfin, qui le hais, qui l'abhorre.
Tous les hommes jadis m'étoient indifférens;
Leurs ſoins ne me cauſoient ni plaiſirs, ni tourmens;
A préſent je les fuis, j'évite leur préſence :
Auſſi je ne vais plus voir nos jeux, voir la danſe.
Pour Colin, je frémis ſi-tôt que je le voi,
Comme ſi je trouvois un ſerpent devant moi.

THALIE.

D'une haine ſi grande il doit craindre la ſuite :
Eſt-ce depuis longtemps que ce mal vous agite ?
Avez-vous toujours eu ce violent chagrin ?

COLETTE.

Non, c'eſt depuis un mois. Autrefois ce Colin
Me déplaiſoit bien moins : au lever de l'aurore,
Il m'apportoit des fleurs que le jour fait éclorre;
J'acceptois ſon préſent, auſſi-tôt ſur mon ſein
Je mettois le bouquet en dépit de ſa main;

Au coucher du foleil, au retour de l'ouvrage ;
Nouvelle attention, & nouveau badinage ;
Il vouloit folâtrer, & toujours j'affectois
De colere bien plus que je n'en reffentois :
Mais enfin il le faut. Un jour fur la fougere,
Pierre vint m'embraffer ; finiffez, Monfieur Pierre,
Ai-je dit quatre fois : voilà-t-il pas Colin
Qui nous voit en montant fur les murs du jardin.
Et puis voilà-t-il pas qu'il va faire à Lifette
Les mêmes amitiés qu'il faifoit à Colette,
Et qu'il me laiffe là. Dieu fçait que de caquets ;
Tout le monde en médit ; mais auffi je la hais
Encore plus que lui.

T H A L I E.

Ce tour eft exécrable.

C O L E T T E.

N'eft-il pas vrai, Madame ? Affreux, abominable,
Chacun rit cependant quand je conte ceci :
Ah !

T H A L I E.

Qu'avez-vous ?

C O L E T T E.

Lui-même, le voici :
Devroit-on pas reconnoître au vifage,
Ceux qui de leur efprit font fi mauvais ufage ?

G iv

SCENE IX.

THALIE, COLETTE, COLIN.

COLIN.

AH ! ... Madame, est-il vrai ce que l'on m'a conté,
Qu'on apprend en ces lieux la pure vérité ?
Et que tout curieux qui se cherche & qui s'aime,
Peut s'y savoir par cœur, & s'apprendre soi-même;
Que par une Lunette....

THALIE.

      Oui, l'on vous a dit vrai,
Il ne tiendra qu'à vous de faire cet essai.
Mais quel est votre but ? Pourquoi, par quel miracle
Venez-vous consulter ce véridique Oracle ?

COLIN.

Pour sçavoir le penchant où je suis entraîné,
Et connoître le vice où je suis incliné.
    J'ai remarqué que dans notre village,
Celui dont les défauts sautent le plus aux yeux,
Est justement celui qui se croit le plus sage.
Le Bailli, par exemple, est superbe, hargneux;
A tout ce qu'on lui dit il fait le dédaigneux;
Son regard fait frémir quiconque l'envisage;

Il marche avec un air fauvage ;
Il ne touffe fouvent que pour faire du bruit ,
Et ne crache jamais qu'à vingt pas devant lui.
Si par mon confeil, ou le vôtre ,
Il connoiffoit qu'il fe fait peu d'honneur ,
En affectant cette cauftique humeur ,
Il feroit plus homme qu'un autre ,
S'il ne devenoit pas meilleur.

T H A L I E.

Si vous connoiffiez vôtre cœur ,
Vous profiteriez donc de cette connoiffance ,
Pour vaincre vos défauts , ou pour vous corriger.

C O L I N.

J'aurois tort , fans cela , de vous interroger.
Dans nos champs l'on détruit la mauvaife femence ,
Pour que la bonne enfin fuive notre efpérance :
De même je voudrois après m'être connu ,
Faire mourir le vice , & germer la vertu.

T H A L I E.

Le deffein eft trop beau , trop généreux , trop fage ,
Pour venir de la ville , & non pas du village :
Mais je vous dirai tout. Les paffions du cœur....

C O L I N.

Je n'en ai qu'une , elle me fait honneur :

G v

C'est un amour dont j'ai droit de me plaindre,
Que froideurs & mépris ne pourront pas éteindre;
Mais de mon choix je n'ai point à rougir.

COLETTE.

Le traître ! en ma préfence ! ah ! qu'il me fait fouffrir ?

THALIE.

Je m'imagine.... Eh ! mais, voulez-vous que Colette
Life dans votre cœur, & prenne la Lunette ?

COLIN.

Je le fouhaite.

COLETTE.

Hélas ! ils l'ont tous fi méchant ;
Que je n'y verrai rien de fort divertiffant ;
Peut-être des noirceurs. Colin plus que tout autre....

COLIN.

Quoi ! vous penfez cela ?

THALIE.

Quelle idée eft la vôtre ?
Voyez, regardez-la : qu'avez-vous apperçû ?

COLETTE.

Ah ! Ciel ! hélas ! non, non.

THALIE.

Quoi donc ?

COLETTE.

THALIE.
Je n'ai rien vû.

Vous êtes, je suis sûre, un peu récompensée.

COLIN..

Que vous devez m'aimer, si je vous suis connu !

THALIE.

Mais il faut que Colin life votre penfée,
A son tour.

COLETTE.

J'y confens ; mais il me promettra
De ne rien croire au moins de tout ce qu'il verra.

COLIN.

Ah ! vous me haïffez, & votre politeffe
Veut d'avance excufer une telle rudeffe.

COLETTE.

Voyez, Colin, voyez.

COLIN.

Je tombe à vos genoux,
Il eft donc vrai, trop charmante Colette ?

COLETTE.

Hélas ! démentir la Lunette,
Seroit un trop grand crime, & mes regards jaloux

G vj

Vous ont dit, malgré moi, ce que je sens pour vous.
Et Lisette ?

COLIN.

Ah ! Bergere, oubliez cette ruse
Ce n'étoit pas pour vous braver,
Et je ne l'avois fait que pour vous éprouver.

COLETTE.

Que la chose soit vraie, ou bien que je m'abuse,
Avec plaisir j'accepte cette excuse,
J'en goûte trop à vous le pardonner ;
Mais aux conditions de n'y plus retourner.

COLIN.

Qu'y perdez-vous ? Près des autres bergeres,
Leurs appas, leurs airs, leurs manieres
Fournissoient à mon cœur plus vif à s'enflammer,
De nouvelles raisons pour devoir vous aimer.
Que craindre même de Lisette ?
Une rose jamais près d'une violette
Ne peut risquer à la comparaison ;
Et vos attraits sur les siens....

COLETTE.

Ah ! fripon.

COLIN.

Mais quelqu'un vient.

COLETTE.

Ah ! Colin, c'eſt mon pere,

COLIN.

Ceux de notre hameau ſont avec lui.

SCENE X.

THALIE, COLIN, COLETTE, MATHURIN, *& ceux du Hameau.*

MATHURIN.

J'ESPERE
Que vous voudrez, Madame.... Ah ! te voilà ,
Colette, avec Colin : que faites-vous donc là
Enſemble tous les deux ?

COLIN.

Je diſois que je l'aime ;
Colette m'en diſoit de même :
A nos déſirs pour qu'il ne manque rien ,
Mathurin , dites-nous que vous le voulez bien.

MATHURIN.

Mais , oui , je t'en trouve très-digne :
Quoique ma fille ait un quartier de vigne

Plus que toi , ce n'eſt pas pour rompre ce lien.
Je ſuis déjà ſon pere , & je ſerai le tien.
A la ville il faudroit plus de cérémonie.

COLIN.

Ah ! Mathurin.

COLETTE

Mon pere !

COLIN.

Oui , toute notre vie...

SCENE XI. *& derniere.*

THALIE , COLIN, COLETTE, MATHURIN, *ceux du Hameau ,* MERCURE.

THALIE.

Je ne me trompe pas : mais je crois que c'eſt lui.
C'eſt Mercure : ah ! Seigneur, eſt-ce mon retour ?

MERCURE.

Oui :

Les Dieux touchés de votre abſence ,
Ont devant Jupiter , en termes éloquens ,
Redemandé votre préſence.

Soit, a-t-il dit, je casse la sentence,
  Et je lui remets les dépens ;
  On doit trouver sans conséquence
Les sottises du sexe, & celles des enfans.
Mais vous l'échappez belle, il étoit ma foi temps.
En grands bonnets fourrés, petits manteaux d'hermine ;
  Les suppôts de la médecine,
  Armés d'un grand discours latin,
Venoient vous enlever votre seul gagne-pain.
Par cet instrument-ci toutes les maladies
Seroient à découvert, partant trop-tôt finies.
  Adieu les consultations ;
  Adieu les réfutations ;
  Et de-là voyez quel désordre !
  Or pour que tout reste dans l'ordre,
  Laissons mourir le genre humain,
Pour laisser vivre ici le genre médecin.
  Partons.

COLIN.

  Eh ! laissez-nous ce gage
De votre souvenir, il est à notre usage ;
Puisqu'avec son secours on a la liberté
  De lire au cœur de tous tant que nous sommes.

THALIE.

Contentez-vous, pour connoître les hommes,
De les voir dans l'éclat, ou dans l'adversité.

MATHURIN.

Mes amis, foyons vrais, notre fincérité
N'a pas befoin de cette emplette ;
Pour moi toûjours elle ne fut pas faite ;
Je ne dis que la vérité.

THALIE.

Que vos danfes, vos chants, & que votre gaité
Célebrent l'hymen de Colette.
Allons, partons, mon ame eft fatisfaite.
Vîte, remontons dans les Cieux :
Pour voir l'indulgence des Dieux,
L'on n'a pas befoin de Lunette.

Fin de la Lunette de Vérité.

ANACRÉON,

PASTORALE

HÉROIQUE.

AVERTISSEMENT.

Ette petite Piece a été faite en 1754, pour la fête de M. L. B. & repréſentée la même année à ſa maiſon de campagne. J'ai été confirmé dans l'idée que j'avois dès-lors, que les applaudiſſemens d'une Société, même choiſie, ne ſont pas des cautions ſuffiſantes de ceux du Public ; j'ai donné quelques années après cette Piece ſur le Théâtre Italien. Elle n'a eu aucun ſuccès. Je la fais imprimer; en partie pour donner à ce ſecond Volume une groſſeur ſuffiſante. J'ai fait mettre en lettres italiques les Couplets, & même les Scenes que les Comédiens ont supprimés pour la facilité de la réprésentation. Je les ai remis pour l'intelligence de la Piece, & pour la terminer comme j'avois crû qu'elle devoit l'être.

A
MADAME L. C.

ENVOI.

C'EST malgré moi que mon ouvrage
A vos yeux s'expose ainfi nu,
Pour captiver votre fuffrage.
Ah ! que ne l'avez vous connu,
Repréfenté dans un village,
Où celui que j'aime eft venu ?
   CHASSÉ, qui força la critique
De l'admirer dans tous les temps,
Par cette preftance héroique,
Ce gefte, cette voix unique,
D'Anacréon ce fage antique
A bien voulu rendre les chants.
Dieux ! que fes fons étoient touchans,

Et bien dignes de la bergere
Qui répondoit à ſes accens ;
Digne elle-même de ſa mere :
Son plus grand défaut eſt ſeize ans ,
Mettons dix-ſept , car le temps coule
Les Ris & les Graces en foule
Viennent couronner ſon printemps.
Imaginez mille agréments ,
Dans une figure charmante.

Qui fit l'Amour ? C'étoit l'Amour ,
Ou ſon portrait que je ne mente ,
Ses yeux méditoient quelque tour ;
Je l'ai vû , ſa bouche friponne
Baiſoit ſa bergere mignonne ,
Sur ſes petits pieds ſe hauſſant ,
De l'air ingénu d'un enfant
Qui ſe pend au cou de ſa bonne.

C...., G...., G....,
Auroient mis un jeu plus malin ,
Une aiſance que l'habitude ,
Fruit tardif d'une longue étude ,
Place dans un coup d'œil certain ;
Mais la candeur , mais la décence ,
Cette tendre naiveté ,
Cette aimable ſimplicité ,
Tous les charmes de l'innocence
Compagne des cœurs généreux ,

N'auroient point embelli leurs jeux.
　　Chargés & de rouge, & de plâtre,
Souvent les minois de Théâtre,
En dépit d'eux, rendent leur art
Aussi visible que leur fard ;
Mais ici c'étoit la nature
Toute neuve, & sans imposture.
　　Vous connoissez ma vanité,
L'empire qu'elle a sur mon ame ;
Jugez un peu des traits de flamme
Dont mon cœur étoit agité.
Je suis encor tout enchanté
De mes vers, & de ma fortune ;
Oui, rien ne pourroit l'augmenter,
S'il ne m'en restoit encor une,
Celle de vous les présenter.

ACTEURS.

ANACRÉON.

PHILENOS.

L'AMOUR.

CEPHISE.

AMIS D'ANACRÉON.

ANACRÉON,

ANACRÉON,

PASTORALE
HÉROIQUE.

Le Théâtre repréſente un grand Cabinet orné ; ſur un côté une table couverte de papiers & d'inſtruments ſervants aux Sciences , entre autres un monté ſur un pied , & mobile.

SCENE PREMIERE.

ANACRÉON ET PHILENOS.

PHILENOS.

Air : *Non ; je ne ferai pas.*

QUoi ! vous, Anacréon, vous l'honneur de la Grece,
Vous qui chantiez ſi bien le Dieu de la tendreſſe ,

Vous nous abandonnez pour rester dans ces lieux,
Eloigné de Samos, des Plaisirs, & des Jeux.

Air : Du haut en bas.

N'en doutez pas ;
C'est une erreur qui vous abuse ;
N'en doutez pas.
Oui, vous reviendrez sur vos pas :
Au caprice qui vous amuse
Vous ne pouvez donner d'excuse ;
N'en doutez pas.

ANACRÉON.

Air : Qu'ils sont doux, bouteille ma mie !

En ces lieux je passe la vie,
Loin du vain tumulte des Cours :
J'ai trop longtems encensé les Amours,
Pour suivre encor cette folie :
Oui, oui, ma Philosophie
Sçaura durer toujours.

PHILENOS.

Air : Que faites-vous, Marguerite ?

Toujours seul avec soi-même,
Et s'occuper à rêver
Est le plus triste systême
Que vous ayez pû trouver.

ANACRÉON.

Air : Tout roule aujourd'hui dans le monde.

Tout ce que la Nature étale
Pour notre usage & nos plaisirs ;
Les arts , les talents , la morale
Occupent mes plus doux loisirs.
J'extrais ici la quintessence
Des plantes , des fruits , & des fleurs.
J'acquiers ainsi la connoissance
De leurs vertus , de leurs valeurs.

PHILENOS.

Air : M. le Prevôt des Marchands.

Cet amusement est fort bon ,
Et bien digne d'Anacréon ;
Mais la morale & la Nature
Ne pourront toujours vous flatter.

ANACRÉON.

Moi , j'en suis certain , & j'en jure ;
Mon ami , tu peux y compter.

PHILENOS.

Air : *Pour la Baronne.*

Pour un cœur tendre
Tous les sermens sont indiscrets.

En vain il voudroit s'en défendre,
L'Amour garde toujours des traits
Pour un cœur tendre.

ANACRÉON.

Air : Amants , quelle est votre foiblesse !

Le Dieu d'Amour entre sans peine
Dans tous les cœurs qui brulent d'aimer ;
Mais lorsqu'on méprise sa chaîne ,
Vainement il veut nous enflammer.
Un cœur qui soupire en secret ,
    Qui , sans l'oser dire ,
        Désire
        Son trait ;
    Qui de son empire
    Fait un beau portrait ,
    Au premier objet ,
    S'enflamme , & se soumet.
Le Dieu d'Amour entre sans peine
Dans tous les cœurs qui brulent d'aimer ;
Mais lorsqu'on méprise sa chaîne ,
Vainement il veut nous enflammer.

PHILENOS.

Air : Que je regrette mon amant !

Vous avez tant dit autrefois
Qu'il étoit sûr de sa victoire

Qu'il foumettoit tout à fes loix,
Qu'à préfent je ne puis vous croire,
Vous le difiez fi tendrement...
Pouvez-vous penfer autrement ?

ANACRÉON.

Air : *Vous voulez me faire chanter.*

Jadis au milieu des repas,
Des jeux & de la danfe,
Mon foible cœur ne faifoit pas
La moindre réfiftance ;
Mais ces calculs & ce compas
Servent à ma défenfe ;
Et fous l'Egide de Pallas,
Je brave fa puiffance.

PHILENOS.

Air : *Non, non, ma femme, il n'en eft rien.*

O puiffant Dieu,
Viens en ce lieu
Lui faire expier cet aveu,
O puiffant Dieu,
Viens en ce lieu.
Je m'en vais ; adieu.

ANACRÉON.

Ami, je crains peu
L'ardeur du feu

H iij

Dont tu me menaces.
De telles disgraces
Sont un jeu
Pour qui les craint peu.

PHILENOS.

O puissant Dieu,
Viens en ce lieu
Lui faire expier cet aveu.
O puissant Dieu,
Viens en ce lieu.
Je m'en vais ; adieu.

SCENE II.

ANACRÉON *seul.*

Air : *Jamais la nuit ne fut si noire.*

Jamais mon cœur ne fut moins tendre ;
Mais mon indifference assure mes plaisirs,
A la seule amitié je borne mes desirs,
Et de toute autre ardeur je sçaurai me défendre.
Vous, Amants, tristes, langoureux,
Suivez, suivez les caprices des Belles.
La perfidie est le prix de vos feux.
Que de moments perdus ! (*bis.*) s'ils sont passés près
    d'elles.

       (On entend un bruit de tempête.)

Air : *Les Trembleurs.*

Mais ciel ! quel épais nuage !
Les vents , la pluie & l'orage
Font éclater leur ravage.
La nuit a chaſſé le jour.
Hélas ! cette nue obſcure
Qui fait gémir la Nature ;
Eſt la fidelle peinture
Des ravages de l'Amour.

(*Il ſe met à ſon bureau.*)

Air : *Non ; rien n'eſt ſi fatiguant.*

Mais voyons l'évenement
Du problême qui m'échappe ;
Mais voyons l'évenement.
Voici mon raiſonnement.

(*On frappe : Pan , pan , pan , &c.*)

Je crois qu'à ma porte on frappe.

(*Pan , pan , pan , &c.*)

Puis-je être ſeul un moment !

H iv

SCENE III.
ANACRÉON, L'AMOUR.
ANACRÉON.

Air : *Dans la vigne à la grand' Simone.*

Dans ma maison qui vous amene ?
Qui vous conduit en ce logis ?

L'AMOUR.

Par un orage dans la plaine,
Seigneur , je viens d'être surpris.
Pour me sauver, d'abord ici je trotte :
Réchauffez-moi , car je grelotte.

ANACRÉON.

Eh ! d'où venez-vous donc ,
Mon beau garçon ?
Vous avez l'air fripon ,
Mignon ;
Vous avez l'air d'un fripon.

L'AMOUR.

Air : *Résonnez , ma musette.*

Vous me faites injure ;
Seigneur , je vous assure

Que dans le fond du cœur,
Je ne suis que douceur.

ANACRÉON.

Air : Ces trois mois m'ont duré vingt ans.

Cet enfant a de certains yeux ,   (bis.)
Le regard si malicieux !
   Le traitre ! le traitre !
Que ne suis-je Apollon pour le connoître ?

Air : De tous les Capucins du Monde.

Mais hélas ! vos mains font de glace.
Voulez-vous ici que je faffe ,
Pour les chauffer , un peu de feu ?

L'AMOUR.

Non , Seigneur.

ANACRÉON.

     Ma crainte est extrême.
Que feroit-ce donc , en ce lieu
Si j'avois reçu Poliphême ?

   Air : Malgré la bataille , &c.

Pourquoi , malgré l'orage , & la pluie , & les vents ,
Voyager , beau garçon , par un si mauvais temps ?

L'AMOUR.

Cher patron , mon deffein n'eft pas de voyager ;
C'eft la foif de punir , l'ardeur de me venger.

ANACRÉON.

Air : *Béniffez le Seigneur fuprême.*

Venger ! mais vous raillez , fans doute.
Foible , petit , & fans fecours ,
Si le chemin eft de deux jours ,
Vous périrez en route.

L'AMOUR.

Air : *Dans ma cabane obfcure.*

Quoique foible & petite ,
L'abbeille en ce vallon ,
A l'inftant qu'on l'irrite ,
Lance fon aiguillon ;
Et fa vengeance eft fure :
Son dard nous fait fouffrir.
On fçait que fa bleffure
Nous fait longtems gémir.

ANACRÉON.

Même air.

L'imprudente colere ,
Aveugle en fes projets ,
Ne voit point le falaire
Qu'attirent fes forfaits ;
L'abbeille, en fa vengeance ,
Qui fait longtemps fouffrir ,

Meurt du coup qu’elle lance ,
Et ne fait pas mourir.

L’ A M O U R.

Air : *J’ai dans ma pochette un petit oiseau.*

Je n’en mourrai pas ,   (*bis.*)
Et je ne crains point le trépas ;
Ou du moins je le pense.
M’effrayer par-là !
Croyez-vous cela ?
Perdez cette espérance.

A N A C R É O N.

Air : *Que j’aime mon cher Arlequin !*

Mais que vous a donc fait celui
Qui vous offense ?
Vous auroit-il volé la nuit ?
Auroit-il emporté sans bruit
Un joujou d’importance ?
Mais que vous a donc fait celui...
Celui qui vous offense ?

L’ A M O U R.

Air : *De l’Amour je subis les loix.*

C’est mon esclave ; & mes faveurs
Ont toujours comblé son envie.

C'eſt par moi qu'il charme les cœurs:
J'ai fait le bonheur de ſa vie.
S'il plaît par ſon goût délicat,
S'il eſt celui que l'on conſulte,
C'eſt de moi qu'il tient ſon éclat;
Et l'ingrat
Me mépriſe, & m'inſulte.

ANACRÉON.

Air : Par un matin Liſette ſe leva.

C'eſt bien méchant.
Contre un ſi bel enfant . . .
Mais, cher ami, que faites-vous donc là ?

L'AMOUR.

Ta, la, la, la, la, la, la, la.

Air : Réveillez-vous, belle endormie.

Je regarde ſi de ma fleche
Le fer ne ſeroit point rouillé ;
Je vois ſi la corde en eſt ſeche,
Et ſi mon arc n'eſt point mouillé.

ANACRÉON.

Air : Suivant l'goût de vote façon, elle eſt donc
bien gentille ?

Cet eſclave eſt-il loin ?

L'AMOUR.

Non ; plus près qu'il ne penſe.

ANACRÉON.

Mais pour votre vengeance,
Il ne la craindra point,
Si cet ingrat vous brave.

L'AMOUR.

Lui ! me braver ! lui ! moi !

ANACRÉON.

Quel eſt donc cet eſclave ?

L'AMOUR.
C'eſt toi.

Air : *Non , tu ne m'aimes pas.*

Connois l'Amour , perfide :
Reconnois à mes traits ,
Au courroux qui me guide ,
Quels furent tes forfaits.
Le ſupplice eſt trop rude
D'eſſuyer tes mépris.
De ton ingratitude ,
Traitre , reçois le prix.
(Il lui lance ſa fleche.)

ANACRÉON.

Cruel Amour , fatal vainqueur ,
Quel temps as-tu choiſi pour me percer le cœur !

L' A M O U R.

Air : *Vous voulez me faire chanter.*

De tes défis & du combat
Fais à préfent parade.
Mon arc eft en fort bon état ;
Ton cœur eft bien malade.
Mais ces calculs, & ce compas
Vont être ta défenfe ;
Et fous l'Egide de Pallas,
Tu braves ma puiffance.

SCENE IV.

A N A C R É O N *feul.*

Air *Fais comme moi, Boi.*

O Ciel ! quels feux !
 Dieux !
Je reffens
Dans mes fens ,
Dans mon cœur ,
 Une ardeur ,
 Je meurs.
Quel eft l'état ou je fuis

Mis !
Cruel enfant ,
Dieu triomphant ,
Dis-moi pourquoi....
Quoi !
C'eſt trahir ,
Que te fuir !
Se ſauver ,
C'eſt braver !
Fut-il jamais....?
Mais ,
Non , j'eus tort.
Vois mon ſort.
Veux-tu ma mort ?
Il eſt tant de cœurs
Pleins d'ardeurs ,
Qui voudroient....
Bruleroient
De charmer ,
D'aimer.
En leur ame ,
De tes feux
Dangereux ,
Porte les traits amoureux.
Là , ta flamme
Eſt un bien.

Ton lien
Eſt un mal pour moi ;
Voi.

Air : *Je voudrois bien vous ſatisfaire.*

Mais peut-être que, par l'étude,
Mon inquietude
Peut ſe réprimer.
Eſſayons ſi , moins inquiette ,
Mon ame diſtraite
Peut enfin ſe calmer.

{*Anacréon ſe met à ſon bureau , rêve , fait ſes efforts pour s'appliquer , marque ſon impatience ; pendant ce temps-là la ſymphonie joue tendrement l'air du Vaudeville qui ſuit.*)

Air : *A mon cœur , dans ce ſéjour.*

C'eſt en vain que je m'applique
A la Phyſique ,
Seul en ces lieux.
Quel eſt le ſpectacle unique
Qu'elle m'indique ?
C'eſt deux beaux yeux.
Un regard doux , gracieux ,
Eſt la plus brillante logique.
A mon cœur tout, en ce jour,
Parle d'amour ;
Tout peint l'Amour.

Pourquoi tirer de la rofe
   Nouvelle éclofe ,
   Le doux parfum ?   } *(bis.)*
Vénus , en eft-il aucun
Qui fur tes levres ne repofe ?
A mon cœur tout , en ce jour ,
   Parle d'amour
   Tout peint l'amour.

Air : *Non ; je ne ferai pas ce qu'on veut que je faffe.*

Que ne fuis-je à préfent au milieu des Bergeres ?
Que ne fuis-je entraîné par leurs danfes légeres ?
Que ne fuis-je à Samos , à la cour de nos Rois ?
Que ne fuis-je ? ... Ah ! cruel , font-ce là tes exploits ?

Air : *Tout le village étoit perdu.*

Pour diffiper mon émotion ,
   Courons les campagnes ,
   Paffons les montagnes ;
Pour diffiper mon émotion ,
Defertons les lieux où j'ai pris ce poifon.

SCENE V.

L'AMOUR *seul*.

'Air : *Hélas ! Maman, pardonnez, je vous prie.*

J'AI sçû voler la Brebis de Céphise;
Elle la cherche au fond de ce vallon.
Elle gémit, elle ignore ma surprise.
Je voudrois bien retrouver Anacréon.
J'ai sçû voler la Brebis de Céphise;
Elle la cherche au fond de ce vallon.

　　　[*Céphise derriere le Théâtre appelle*
　　　Robine, Robine.]

　　Air : *Dam' Javotte.*

　　Ah Céphise,　　　　　　　　(*bis.*)
J'aimerois mieux de ton cœur
Avoir surpris la franchise.
　　　Ah ! Céphise.　　　　　　(*bis.*)

'Air : *Dérouillons, dérouillons, ma Commere.*

Mais je l'entends, mettons en cachette
Cette Brebis dans ce lieu. Fort bien.
　　C'est un moyen...
　　Je ne dis rien.
Elle est si simple, elle est si jeunette !
Mais je l'entends ; la voici qui vient.

SCENE VI.

CEPHISE, L'AMOUR.

CEPHISE.

Air : *Là-bas, dans la plaine.*

DE ma bergerie,
Vient de se sauver
Ma Brebis chérie.
Pour la conserver,
Dites-moi, je vous prie,
Où je puis la trouver.

Air : *Pierre Bagnolet.*

Là-bas, plus d'un Berger s'accorde
A dire qu'un enfant suivoit,
Et chassoit, sans misericorde,
Ma Brebis, & qu'il la battoit.
Il la battoit,
Il la battoit,
Il la battoit avec la corde
D'un arc qu'à la main il tenoit.

L'AMOUR.

Air : *Nous sommes Précepteurs d'Amour.*

Il falloit envoyer après

Le Berger qui pour vous soupire.

CEPHISE.

Un Berger !

L'AMOUR.

Il doit être prêt.

CEPHISE.

C'est mon chien que vous voulez dire.

L'AMOUR.

Air : *Est-il de plus douces odeurs ?*

Non, non ; je veux dire un Berger.
Quoi ! jeune, belle, & tendre,
Vous ne sçavez point engager
Quelqu'un à vous défendre !
Si près de vous quelque Tircis
Eût été dans la plaine,
Il eût ramené la Brebis
Dont vous êtes en peine.

CEPHISE.

Air : *Des Proverbes.*

Vous vous trompez ; pour ramener bien vîte
Tous mes moutons & braver les dangers,

Mettre les loups & les voleurs en fuite ,
Mon chien tout feul vaut trois Bergers.

L'AMOUR.

Air : *Noté à la fin.*

Gentille Paftourelle ,
Un chien ne fuffit pas.
Pour fuivre auffi vos pas ,
Il faut un Berger fidele.
Près d'un Berger bienfait , & beau ,
Que de plaifirs [*bis.*] fur la fougere !
Un chien n'a foin que du Troupeau ;
Mais un Berger [*ter.*] a foin de la Bergere.
Gentille Paftourelle ,
Un chien ne fuffit pas.
Pour fuivre auffi vos pas ,
Il faut un Berger fidele.

CEPHISE.

Air : *Quoi ! vous partez.*

J'écoute , hélas ! je ne fçais quoi de tendre.
Ah ! bel Enfant , que vos chants font touchants
Mais je m'en vais : je voudrois vous entendre ;
Vous devriez nous venir voir aux champs.
J'écoute , hélas ! Je ne fçais quoi de tendre
Rend , bel Enfant, vos difcours bien touchants.

L'AMOUR.

Air : *Tu croyois, en aimant Colette.*
La Petite s'en va rêveufe :
Son cœur en fecret je troublois.
Parlez donc , la belle Chercheufe ,
Et la Brebis ?

CEPHISE.

Je l'oubliois.

L'AMOUR.

Air : *Nous autres bons Villageois.*

Bergere , fi je vous dis
Où vous la trouverez fans doute ,
Qu'aurai-je pour mon avis ?
Car il faudra qu'il vous en coûte.

CEPHISE.

Je vous jure que je n'ai rien ,
Et mon troupeau fait tout mon bien.

L'AMOUR.

Vous ne pouvez me refufer ,
Pour le moins un petit baifer.   (*bis*

CEPHISE.

Air : *Le joli jeu d'amour n'a pas befoin du jour.*

Un baifer ? que cela ?

Je le veux , le voilà.
C'est vous , méchant , qui me l'aviez prise ;
Mais avant , rendez.

L'AMOUR.

Tenez , regardez.

CEPHISE.

Robine ! ah ! que je suis surprise !

L'AMOUR.

Un baiser.

CEPHISE.

Le voilà ,
Si ce n'est que cela.
C'est vous , méchant , qui me l'aviez prise.

> (*L'Amour embrasse Céphise ,*
> *pendant ce temps elle dit.*)

Air : *A quoi s'occupe Magdelon ?*

Vous avez l'air bien libertin.

> (*L'Amour avec sa fleche pique la main de*
> *Céphise qu'il tient dans la sienne.*)

L'AMOUR.

Bergere....

CEPHISE.

Ahi ! vous m'avez blessée.

L' A M O U R.
Moi !

C E P H I S E.

Oui, vous ; & c'eſt à la main,
Avec ce trait aſſaſſin.

L' A M O U R.
Mineur.

Ah ! vous m'en voyez bien chagrin.
La douleur eſt-elle paſſée ?
Ah ! vous m'en voyez bien chagrin.

C E P H I S E.

Je crois que ce ne ſera rien.

L' A M O U R, *d'un ton ironique.*
Air : *Tout le village étoit perdu.*
Je ſuis couſin
D'un medecin :
Pour cette bleſſure,
Cette égratignure,
J'ai le baume le plus divin ;
Attendez, bergere, à l'inſtant je revien.

SCENE

SCENE VII.
CEPHISE *seule.*

Air : *Jardinier , ne vois-tu pas ?*

CEt enfant , tout beau qu'il est,
Paroît d'un caractere
Espiegle , étourdi , mauvais.
Je ne sçais si j'en voudrois
Pour frere , pour frere , pour frere.

ARIETTE : *Notée à la fin.*

Ah ! ma piquure
Me fait douleur.
Se peut-il que , si peu profonde ,
Elle réponde
Jusqu'au cœur ?

Air : *Du haut en bas.*
Mais que c'est beau !
On ne voit ici que dorure ;
Mais que c'est beau !
C'est encor plus beau qu'au Château.
C'est bien mieux que de la peinture ,
Car c'est comme une mignature ,
Ah ! que c'est beau !

II. Part.   I

Air : *Stila qu'à pincé Berg-op-zoom.*

Mais si le maître alloit venir....   (*bis.*)
Je ne sçais pas comme il se nomme :
Mais il doit être un bien bel homme.

Air : *Pour voir un peu.*

Dieux ! quelle machine voilà !
C'est presque aussi rond qu'une boule.
C'est sans doute un jeu que cela ;
Car je m'apperçois quelle roule.
Faisons mouvoir ce bijou-là ,
Pour voir un peu comment ça f'ra.

Air : *Sous un ormeau.*

Tout doucement ,
Faisons agir le mouvement ,
Par ici , par là.
Ah ! comme tout cela va !
Ah !
(*Elle jette à terre ce qui est sur la table.*

Air : *Voici les Dragons qui viennent.*

De cette maison funeste
Vîte sauvons-nous ;
Sans demander notre reste ,
De ce lieu que je déteste ,

Sauvons-nous,
Sauvons-nous.
(*Elle court à la porte, apperçoit
Anacréon, rentre & dit :*)

Air : *Ciel ! l'Univers va-t-il donc se diffoudre ?*

Dieux ! je l'ai vû, j'ai vû, j'ai vû le maître.
Il va rentrer ; je tremble, je frémis.
Le voici qui va paroître.
Où me mettre en ce logis ?
Ciel ! où me mettre ?
Ah ! le voici.

SCENE VIII.

ANACRÉON, CEPHISE.

ANACRÉON.

Air : *On gravera sur un chêne.*

Hélas ! mon trouble
Redouble :
Tout augmente ma langueur,
Je soupire,
Je desire.
Amour, quelle est ta rigueur !
Hélas ! &c.

Air : *O vous , puissant Jupin.*

Quel est l'audacieux
Qui dans mon absence est entré dans ces lieux ?
Ah ! que n'ai-je trouvé le fat ,
Ou le scélérat ,
Qui m'a fait ce dégât ?
C'est quelque vil pasteur ,
Quelque voleur....
Si jamais le tiens ,
Que je le plains !
Quoi ! tout est fracassé ,
Tout est cassé ;
Oui , si je le trouvois ,
Je le tuerois.

Mais que vois-je ? Un mouton
Dans ma maison !
C'est sans doute à celui
Qui s'est enfui.
Vengeons-nous en ce jour ,
Il faut que je l'immole à l'Amour.

C E P H I S E.

Air : *Ah ! tu n'auras pas mon minet.*

Ah ! ne tuez pas ma brebis ;
C'est moi-même ;

C'eſt moi-même.
Ah ! ne tuez pas ma brebis.
C'eſt moi, Seigneur ; je frémis.

DUO.

Air : *Quel caprice ! quelle injuſtice !*

CEPHISE.	ANACRÉON.
Seigneur, grace ;	Que d'appas !
Faites-moi grace.	Que d'appas !
De ma diſgrace	Sa grace,
Suis-je cauſe, hélas !	Son âge tendre & ſon em-
	embarras....
Seigneur, grace ;	Que d'appas !
Faites-moi grace.	Oui, cette diſgrace
De ma diſgrace	Ne déplaît pas.
Ne vous vengez pas.	
Seigneur, je n'ai fait qu'y	Peut-on, ſans ſe laiſſer tou-
toucher :	cher,
Je lai vû d'abord trébucher.	A la regarder s'attacher ?
C'eſt malgré moi,	Je ſens, ô ciel ! je m'ap-
	perçois
Je le tournois avec un doigt.	Que ſon regard, tout ce
	que je vois
Il s'eſt briſé par terre	Porte en moi
Net comme un verre.	Une ardeur...ah ! croyez-
	moi,
Je ſuis ſincere.	Nayez point d'effroi.
Quel eſt mon effroi !	

CEPHISE.

Mais que vois-je? quoi! moins
     févere,
    Votre colere
  Semble s'oublier.
Je ne fuis que fimple ber-
     gere.
    Que puis-je faire
    Pour vous payer?

ANACRÉON.

    Levez-vous,

    Levez-vous,
    Bergere.
Quoi! mon courroux peut-
    il effrayer?
    Levez-vous,
  Vous pouvez tout faire
  Pour me payer.

ANACRÉON.

Air : Babet, que t'es gentille !

Diffipez votre effroi.
Bien loin d'être fauvage.
Mon cœur... non, dites-moi
Vos parents & votre âge.

CEPHISE.

J'aurai dix-fept ans,
Vienne le printemps ;
D'Atis je fuis la fille.
J'habite le prochain hameau.
Aujourd'hui j'ai fur ce côteau ;
Par hazard, mené mon troupeau.

ANACRÉON.

O ciel ! qu'elle eft gentille !
Qu'elle eft, qu'elle eft gentille !

CEPHISE.

Air : *Ont enlevé ma mie.*

Pour un agneau ,
Pour deux agneaux ,
Pour trois agneaux enfemble ,
    Pourrai-je racheter
Ce qu'il pourra vous en couter ;
Répondez donc : je tremble.

ANACRÉON.

Air : *Votre cœur, aimable Aurore.*

Pourquoi craindre ma colere ?
Puis-je le diffimuler ?
Quand je crains de vous déplaire ;
Quand je crains de vous parler ,
Ce n'eft pas à vous , Bergere,
C'eft à moi feul à trembler.

CEPHISE.

Air : *Quand m'en direz-vous de même ?*

Parlez , vous êtes le maître ;
Et je dois vous écouter.
Je defirerois connoître
Ce qui peut vous contenter.

ANACRÉON.

Hélas ! je doute

Que je puisse m'en flatter.

CEPHISE.

Parlez , j'écoute.

ANACRÉON.

Air : *Le Démon malicieux & fin.*

Auſſitôt que jai vû vos beaux yeux ,
J'ai ſenti la volupté des Dieux ;
J'ai ſenti dans le fond de mon ame
Naitre un penchant ſi flatteur & ſi doux !
Je vous aime : à mès feux , à ma flamme ,
Belle bergere , hélas ! répondrez-vous ?

CEPHISE.

Air : *Surtout ne me trompez pas.*

Ce que vous me dites là
Doit ſans doute me confondre ;
Vous m'aimez , & ſur cela
Je ne ſçais que vous répondre.
Je ſens bien que je vous croirois ,
Qu'avec plaiſir je m'y fierois ;
Mais je ne ſuis pas fine :
J'ignore quand on badine.

ANACRÉON.

Air : *Il ne vient point , quel ſoin l'arrête ?*

Qui pourroit vous tromper , Bergere ,

Seroit sans doute haï des Dieux.
Qu'à l'instant j'expire à vos yeux,
Si ma flamme n'est pas sincere.
J'attends à vos pieds, de mes feux
Le châtiment, ou le salaire.
Mais aux larmes que vous versez,
Je vois que vous me haïssez.

C E P H I S E.

Air : *Là-bas dans la plaine.*

N'ayez point d'allarmes,
Hélas ! je vous croi ;
Je verse des larmes,
J'ignore pourquoi.
Votre vue excite
Un sentiment doux,
Dont mon cœur s'agite.
Seigneur, m'aimez vous ?

Air : *Au bord d'un clair ruisseau.*

Quitterez-vous ces lieux
Pour me suivre au village,
Et pour le pâturage
Ces meubles précieux ?

A N A C R É O N.

Je vous les donne tous,

Soyez ici la Reine.

CEPHISE.

Ce feroit une peine,
Si je l'étois fans vous.

ANACRÉON.

Air : *Ce foir au bois tu fçauras ce myftere.*

Sans moi, Bergere ! ah ! vous êtes fenfille !
Ah ! vous m'aimez ! ciel ! quel eft mon bonheur !
Quoi ! vous doutiez du penchant invincible
Que vos attraits font naître dans un cœur !

CEPHISE.

Air : *Sur le Port avec Manon un jour.*

Qu'une bergere en vous voyant
Sente pour vous quelque penchant,
Aifément cela fe peut croire ;
Mais que fait comme on peint nos Dieux,
Vous reffentiez pour moi des feux ,
Ah ! Seigneur ,
Excufez mon erreur,
Je pouvois douter de ma victoire.

ANACRÉON.

Air : *Églé tient tous fes biens.*

L'Amour reçoit fes traits des mains de la Nature :
Sa puiffance, c'eft la beauté.

Loin de ce vain éclat qu'affecte la parure,
Il met son sceptre aux pieds de la simplicité.
Oui, mon cœur ennemi du fard de l'imposture,
   De vous, Bergere, est plus charmé....
  Dans vos yeux la candeur assure
La constance des feux dont je suis enflammé.

CEPHISE.

Air : L'Amant frivole & volage.

Que la nature en partage
Ne donna-t-elle à mes chants
Le plus séduisant langage ;
Des sons tendres, & touchants ?
Je vous charmerois de même ;
Mais hélas ! pour tout discours,
Je dirai que je vous aime ;
Mais je le dirai toujours.

SCENE IX.
ANACRÉON, L'AMOUR,
CEPHISE.

L'AMOUR.

Air : Eh ! zing, zing, Madam' la Mariée.

SOyez contents,
Prenez, mes enfans,

Du bon temps.
Les plus beaux inſtans
De vos ans
Sont comme la roſe au printemps.
Ceci, mon cher Anacréon,
N’eſt qu’un petit coup d’aiguillon.
Soyez contents,
Prenez, mes enfans,
Du bon temps.
Les plus beaux inſtans
De vos ans
Sont comme la roſe au printemps.

A N A C R É O N.

Air : *Vous qui du Vulgaire ſtupide.*
Amour, l’excès de mon offenſe
Sembloit exclure ta bonté ;
Tu n’as fait voir que ta puiſſance,
Au lieu de ta ſévérité.
Si tu te venges par des peines,
Comment ſçais-tu récompenſer.
Pour porter de ſemblables chaînes,
Tous les mortels vont t’offenſer.

L’ A M O U R.

Air Je reviendrai demain au ſoir.
J’ai voulu te faire ſentir

Que je peux te punir.   (bis.)
O Bergere , déſirez-vous
Quelques plaiſirs plus doux ?

CEPHISE.

Air : L'autre jour étant aſſis.

Amour , ne fais rien pour moi ,
Fais tout pour celui que j'aime :
Je ſuivrai toujours ta loi ,
J'en fais mon bonheur ſuprême.
Oui , mon ſenſible cœur
Sera toujours fidele ;
Mais donne à mon vainqueur
Une flamme éternelle.

L'AMOUR.

Air : Par ma foi , l'eau m'en vient à la bouche.

Mais j'entends un grand bruit de fanfare ,
Tes amis accourent dans ces lieux.
Ils ont ſçû le ſort que te prépare
Un inſtant auſſi délicieux.
Ils vont chanter le bonheur rare
D'un mortel que chériſſent les Dieux ;
Mais j'entends un grand bruit de fanfare ,
Tes amis accourent dans ces lieux.

SCENE X. *& derniere.*

ANACRÉON, CEPHISE, PHILENOS, *les Amis d'Anacréon.*

PHILENOS.

Air : Ton humeur est , Catherine.

Anacréon, que de graces !
L'Amour n'a pû mieux choisir.
Nous accourons fur fes traces
Ici pour nous réjouir.

UNE AMIE.

Tes amis viennent fe rendre
En ce lieu pour partager
Le bonheur d'une ame tendre ,
Que l'amour vient d'engager.

Les Comédiens ont fait finir la Piece ici par un Duo entre Anacréon & la Bergere, & ont fupprimé ce qui fuit.

ANACRÉON.

Air : De tous les bergers du village.

Quand je jurois d'être infenfible ,
Amis , je croyois impoffible

Qu'il fût au monde tant d'attraits.
Quel cœur en le voyant ne feroit pas flexible ?
Amour, pardonne-moi. Dieux ! comme je mentois !
Quand je jurois
D'être infenſible.

VAUDEVILLE.

PHILENOS.

Air : *Noté au Couplet ſuivant.*

LE jeu, le vin & la tendreſſe
Ont toujours fait de faux ſerments.
Des dez, un verre, une maitreſſe
Triomphent de nos ſentimens.
De ſoi l'on répond, même on jure :
Mais faut-il tenir la gageure,
Contre un charme trop ſéduiſant ?
On y revient en rougiſſant ;
On ne peut changer la Nature.

UN AMI.

UNE AMIE.

Tircis, aux genoux de Lifette,
Ne met de terme à fes amours,
A fa flamme vive & difcrette,
Que l'inftant qui finit nos jours.
Il en répond ; même il en jure :

On le croit, fa victoire eft fûre;
Mais elle avance cet inftant
Où Tircis devient inconftant.
On ne peut changer la Nature.

ANACRÉON *regarde l'Amie en colere, & dit :*

ter à ce vainqueur, C'est fuir son bon-
heur. Le sage que proté-ge Pallas, De ré-sister bientôt las, Laisse
tomber son E- gi-de; Le Héros intré-
pi-de, A l'exemple d'Al- ci-de, Sou-
mis & plus Amant que Guerrier, préfére a-
lors le Myrthe au lau- rier. Mor-tels cé-

dez, ren- dez les armes. Pour- quoi re-

douter Ses al- lar- mes. Ses craintes,

ses transports, ses larmes, Dans l'ame

portent mille charmes. Ju- gez par

les dé- sirs Quels en sont les plai-sirs. Cé. &c.

[*Les Amis d'Anacréon dansent & forment un pas de Ballet , & couronnent Anacréon & la Bergere.*]

FIN D'ANACRÉON.

GEntil- le   Paf- tou-rel-le, Un Chien ne
fuf- fit   pas, Pour fuvre auf- fi   vos
pas.   Il faut   un Ber-   ger fi- de- le.
Près d'un Ber- ger bien fait &   beau.
Que de plai- firs , que de plai- firs   fur
la   fou- ge- re. Un Chien n'a foin que

du troupeau: mais le Ber- ger, mais le Ber-

ger, mais le Ber- ger a foin de la Ber-

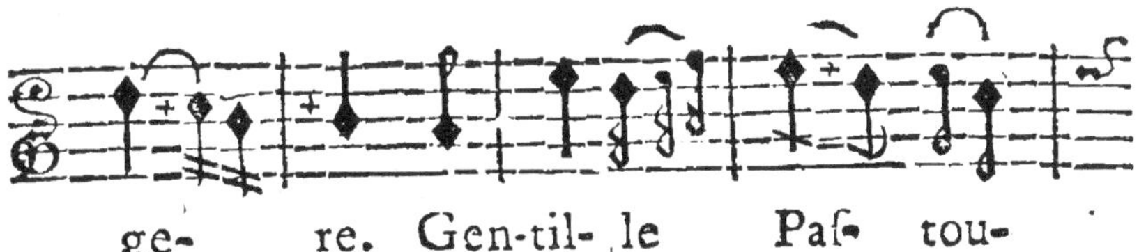
ge- re. Gen-til- le Paf- tou-

rel- le, Un Chien ne fuf- fit

pas, Pour fui- vre auf- fi vos pas.

Il faut un Ber- ger fi- de- le.

AIR : *Pour la page 193.*

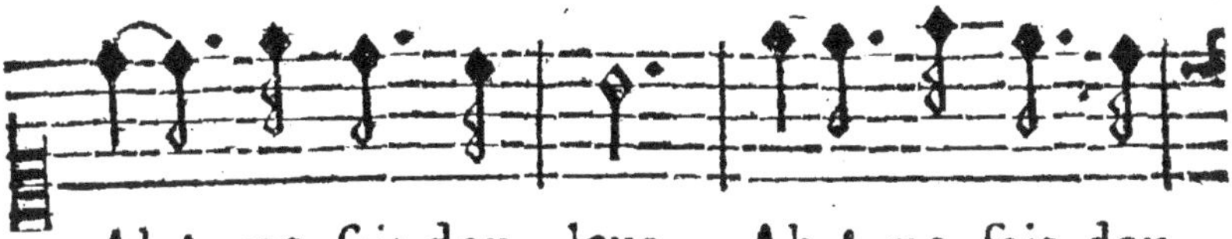

Ah ! me fait dou- leur, Ah ! me fait dou-

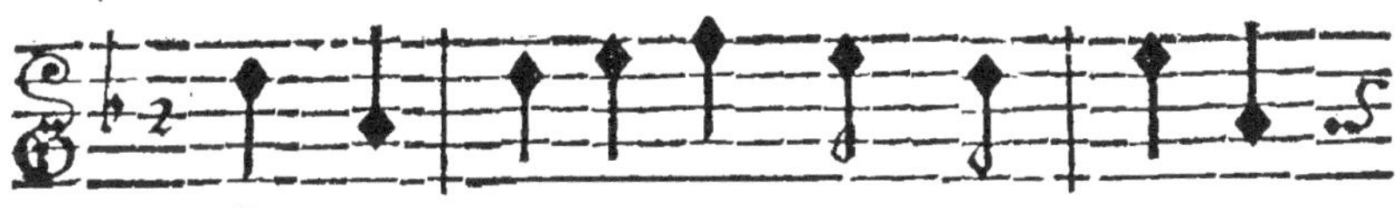

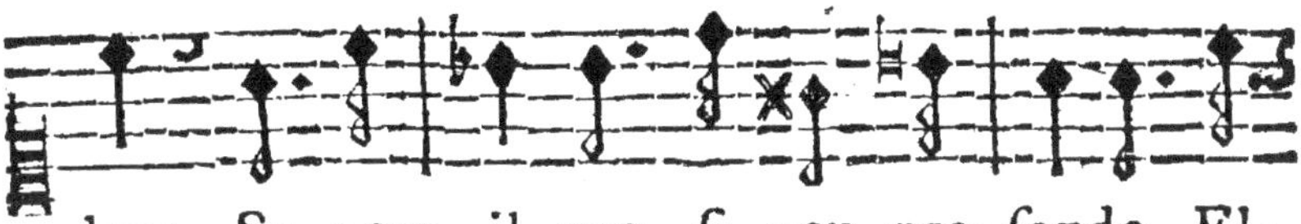

leur. Se peut- il que si peu pro- fonde, El-

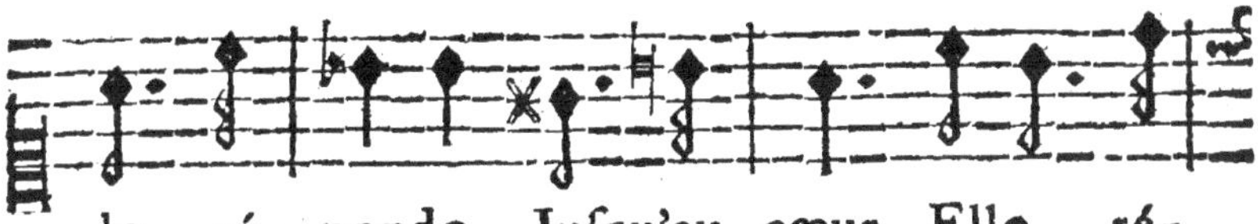

le ré- ponde Jusqu'au cœur, Elle ré-

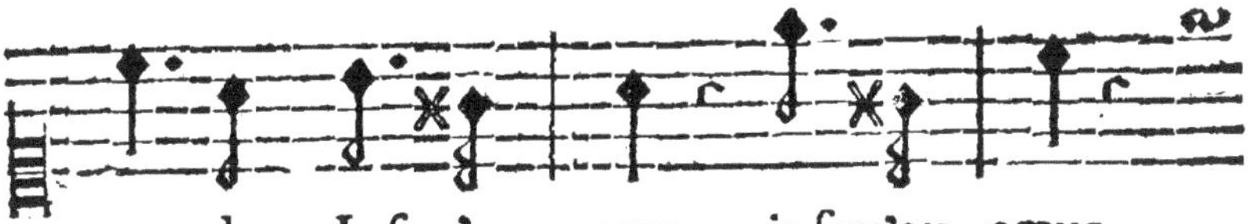

ponde Jusqu'au cœur, jusqu'au cœur,

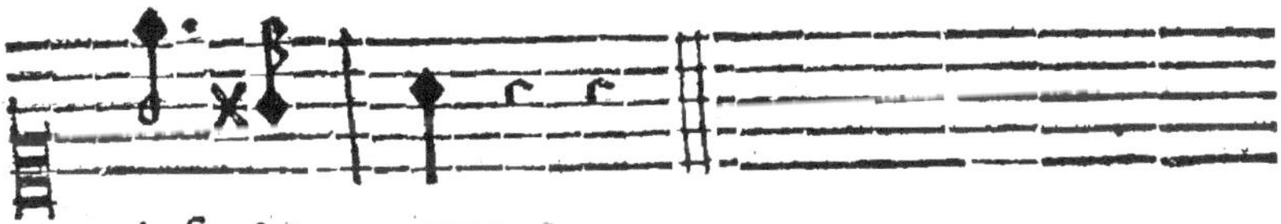

jusqu'au cœur ?

AIR : Pour la page 98.

A-Dieu cette franchise auf- tere,

Cet air u- ni , ce ca- rac- te- re, Tranſmis par
nos aïeux Gau- lois : A pré- ſent graces à la mode, Dans nos cer- cles les
plus Bour-geois, On ne ren- contre que Pagode: Tout eſt chi-nois, Airs & mi- nois ; Tout
eſt chi- nois.

F I N.

TABLE
DES MATIERES

Contenues dans cette seconde Partie.

II. Part.   K

CHANSONS.

Fin de la Table de la feconde Partie.

ERRATA.

Page 14 *Vers* 22 *lisez* De forcer.
Page 32 *Vers* 6 *lisez* contentement.
Page 48 *Vers* 10 *lisez* Dire pourrez.
Page 66 *lisez* Romance *au lieu de* Rondeau.
Page 77 *Vers* 8 *lisez* de deux nœuds.
Page 101 *Vers* 9 *lisez* nous sommes.
Page 209 *ligne* 6 *lisez* Célébrons.

www.ingramcontent.com/pod-product-compliance
Ingram Content Group UK Ltd.
Pitfield, Milton Keynes, MK11 3LW, UK
UKHW021643170726
13836UKWH00005B/2366